Rest Easy Puzzles

Rest Easy Puzzles

He-Nu

Copyright © 2019 by He-Nu.

ISBN: Softcover   978-1-9845-2413-3
               eBook   978-1-9845-2412-6

Scriptures are taken from King James Version

Print information available on the last page.

Rev. date: 11/13/2019

To order additional copies of this book, contact:
Xlibris
1-888-795-4274
www.Xlibris.com
Orders@Xlibris.com
777175

CONTENTS

PUZZLE #1: IN THE BEGINNING

The words below describe God's creations and the beginning of our world. (Taken from the KJV of Genesis Chapters 1 and 2. Search for the words in the puzzle.

```
Y  F  A  B  B  S  V  W  N  S  T  A  R  S  O  P  N  E  D  E
L  T  I  E  C  X  N  G  R  F  U  O  Y  A  W  V  T  T  A  Y
P  C  A  R  U  A  H  E  R  W  B  D  A  L  E  D  B  R  E  H
I  S  F  E  M  E  T  U  E  A  V  E  Y  N  O  P  T  B  E  T
T  N  D  O  M  A  I  T  P  Y  S  E  A  S  E  H  P  S  I  E
L  E  O  D  W  T  M  S  L  D  U  S  D  I  O  V  V  A  F  U
U  N  W  I  F  L  O  E  E  E  N  S  E  A  H  L  A  N  D  F
M  M  H  U  N  Y  S  G  N  I  H  T  G  N  I  P  E  E  R  C
D  Q  L  T  X  I  H  D  I  T  N  T  S  G  K  W  G  U  H  W
W  N  Y  R  A  T  M  I  S  T  E  O  H  O  E  R  I  T  V  X
H  G  U  M  E  B  Y  O  H  G  V  T  R  G  L  T  A  Q  Z  Y
S  O  R  O  L  S  B  R  D  L  I  O  A  R  I  E  p  D  I  L
I  O  X  T  R  P  T  A  H  E  L  M  D  S  F  N  B  N  A  O
F  D  S  V  E  G  P  O  S  T  I  D  Y  S  E  L  A  H  W  H
```

Appear	Grass	Replenish
Beast	Good	Rest
Cattle	Ground	Sabbath
Creeping Thing	Heaven	Seas
Darkness	Herb	Seed
Day	Holy	Stars
Dominion	Image	Sun
Earth	Land	Tree
Eden	Life	Void
Evil	Light	Waters
Firmament	Man	Whales
Fish	Meat	
Form	Mist	
Fowl	Moon	
Fruit	Multiply	
Fruitful	Night	

And God saw everything that he had made, and, behold, it was very good. (Gen. 1:31)

PUZZLE #2: THE GARDEN OF EDEN

The words below describe the garden of Eden and what took place there (Gen. 2, 3). Search for the words and phrases in the puzzle.

```
V  E  N  U  L  M  I  D  S  T  P  W  U  C  O  A  T  S  O  F  S  K  I  N  S
D  O  W  B  X  O  T  A  E  P  W  O  R  R  O  S  Y  L  P  I  T  L  U  M  X
E  T  I  L  L  T  H  E  G  R  O  U  N  D  E  S  I  R  E  D  W  V  I  F  M
N  R  X  C  R  W  M  T  N  A  S  A  E  L  P  O  O  D  U  C  T  B  X  U  D
E  E  N  W  E  P  O  W  I  H  U  D  E  M  A  H  S  A  N  U  U  W  I  S  E
P  E  U  A  L  O  S  M  E  F  L  A  M  I  N  G  S  W  O  R  D  L  D  R  K
O  O  T  E  K  H  F  G  A  W  O  N  E  F  L  E  S  H  E  S  L  P  I  E  T
S  F  H  I  S  E  A  T  D  N  B  T  D  M  V  S  X  H  P  E  B  E  D  V  U
E  L  D  E  U  V  D  U  H  L  E  V  A  E  L  C  C  N  D  D  E  E  E  I  P
Y  I  L  O  E  R  C  O  X  E  O  N  N  E  C  E  K  B  N  G  G  L  A  R  O
E  F  T  M  O  V  F  N  Y  W  L  G  O  D  T  E  M  G  O  R  U  S  T  C  N
A  E  E  W  C  P  X  E  N  F  M  O  O  B  I  O  I  O  A  O  I  P  S  K  T
N  A  M  O  W  R  E  V  O  E  L  U  R  O  G  A  N  V  N  U  L  E  R  S  H
D  A  D  A  M  A  N  I  W  A  T  E  R  D  D  L  R  T  E  N  E  E  U  E  Y
D  N  R  N  N  E  T  R  L  I  T  B  U  S  G  D  C  F  L  D  D  D  G  R  B
I  W  E  M  A  C  B  D  X  F  K  D  E  H  T  O  L  C  A  A  G  A  E  P  E
D  D  T  D  U  M  T  R  A  U  O  H  T  T  S  U  D  W  M  N  H  O  W  E  L
E  O  L  R  R  N  M  E  N  M  I  T  Y  O  O  K  S  L  I  T  B  S  S  N  L
A  W  S  L  E  A  N  O  D  I  E  C  O  N  C  E  P  T  I  O  N  T  O  T  Y
T  E  F  I  W  E  G  E  C  A  B  W  H  E  R  E  A  R  T  T  H  O  U  H  X
D  A  L  I  V  E  D  N  A  D  O  O  G  F  O  E  G  D  E  L  W  O  N  K  T
```

Adam	Ground	Flesh	One Flesh	Tree
Afraid	Deceived	Fruit	Onyx	Tree of Life
And Did Eat	Deep Sleep	Garden	Pleasant	Unashamed
Bdellium	Desired	God	Rib	Upon Thy
Beguiled	Die	Gold	Rivers	Belly
Bone	Driven Out	Good	Rule Over	Voice of
Cherubims	Dust Thou Art	Help Meet	Woman	the Lord
Cleave	Eat	I Did Eat	Seed	God
Clothed	Eating Dust	Knowledge of	Serpent	Water
Coats of Skins	Eden	Good and Evil	Shalt Not	Where Art
Command	Enmity	Man	Eat of It	Thou
Conception	Eve	Midst	She Gave Me	Wife
Cursed	Eyes Opened	Multiply Sorrow	Subtil	Wise
Cursed	Flaming Sword	Naked	Till The Ground	Woman

PUZZLE #3: CAIN AND ABEL...

The words and phrases below describe Cain and Abel, two of the sons of Adam and Eve. Find the words and phrases in the puzzle below.

```
P D E R V A L T K C O L F F O S G N I L T S R I F
D E S B F O C W B O D S T S N I A G A P U E S O R
E V E N G E A N C E S E V E N F O L D B D V L F A
T A V H P L R S S A P O T E M A C J O L T A T F T
P B S S S F B R O T H E R S K E E P E R M G L E R
E W E T G F U G I T I V E V D O G L L A C A K R I
C R P T O C O U N T E N A N C E F E L L L B T I C
C T D N L F S R K M A D A M K N E W E V E O A N I
A S O E M I E W E T N R N S T M I H M J S N U G D
F R V M T E S D J P R T A U R I N T G U O D O S E
A P A H K L P R E S E N C E O F L O R D R P E T Y
C E G S K D W I L N S E I J P R D R G U R D F A I
E D R I V E N O U T K A K S R O G W T V L S E G S
O Y D N U O R G E H T F O T I U R F S R V E J R H
F D N U O R G M O R F H T E I R C D O O L B R T S
E W S P L A N D O F N O D S A P F A P R R G T A I
A D V L G D E V I E C N O C A D O G F O E C A F F
R B E N A B S V T A F O A S T B I R T H D L O K L
T E I A P Y W L K S B I J F O L P H L A M A L T E
H Y R L T V M V E D N E A R L D E K U B E R N I S
L L I K G H N E R W R T L S K R O O D T A N I S T
```

Adam Knew Eve	Countenance Fell	Fugitive	Ruler
Abel	Cursed	Jealousy	Selfish
Accepted	Death	Keeper of Sheep	Sin At Door
Birth	Driven Out	Kill	Sin Rebuked
Blood Crieth	East of Eden	Land of Nod	Slay Me
From Ground	Face of Earth	Lying	Slew
Brother	Face of God	Murder	Tiller of Ground
Brothers Keeper	Fat	Offerings	Vagabond
Cain	Field	Presence of Lord	Vengeance
Call God	Firstlings of Flock	Punishment	Sevenfold
Came to Pass	Fratricide	Respect	Wroth
Conceived	Fruit of Ground	Rose Up Against	

And Cain went out from the presence of the Lord, and dwelt in the land of Nod, on the east of Eden. (Gen. 4:16)

PUZZLE #4: THE FLOOD

Search for the words about Noah, the Flood and the Ark in the puzzle below.

```
F O U N T A I N S O F G R E A T D E E P Y X B N E
S K G O O J K H W S N O S I X H U N D R E D E H F
W T F O R T Y D A Y S F L O O D S R U W C V T T I
F A S A P N X S W O O T A I K C E I O B A G Y H L
E E T A W H N U E O N C S E V M I B K E N S W R F
F L M E E N E T D T U L N A M E N G H E G X S E O
A F A A R B W R A E S W F U E I L F L A T O B E H
C L N M L S N R W E R E S C A B O E Y U W H R S T
R S Y H I E A A N O U E V R K S N C A T G U E T A
E U W C E R S B E T O T V R W L D A O F H L A O E
E O A E A I W T A L X D A O A I A R E R F S D R R
P E T Y E S G D H T C D D U C H V I Y L R W T I B
I T E P I T C H B G E N O S A S D E L G C U H E U
N H R B S F S U T B I D W O E T N A S H R N P S I
G G S Y U E O A B W D N L I R V Y I E A J O U T E
T I C N E I L W V I A D Y O N O E L A W D E U M A
H R A V E N L T L O T T C T R T N N I T O R J N G
I N O I D Y U D T S U S E T R Y E S S M N D K I D
N D E E R B T C K A E R S R G O T R I C A U N B R
G Y N T N A N E V O C E A N S C F Y W D M F O I S
S C L O U D X L O R D S H U T H I M I N E Y T M W
```

Altar	Destroy All Flesh	Harvest	Six Hundred
Ararat	Door On Side	Height	Sons
Ark	Dove	Length	Summer
Breadth	Dry Ground	Lord Shut Him In	Sweet Savour
Breath Of Life	Family	Male	Three Stories
Breed	Female	Many Waters	Twos
Build	Flood	Mountains Covered	Unclean Beast
Cattle	Food	Noah	Water
Clean Beasts	Forty Days	Olive Leaf	Waters Abated
Cloud	Forty Nights	Pitch	Window
Corrupt	Fountains Of Great	Rainbow	Windows Of Heaven
Covenant	Deep	Raven	Winter
Creeping Things	Fowls	Righteous	Wives
Cubits	Gopher Wood	Sevens	

I do set my bow in the cloud, and it shall be for a token of a covenant between me and the earth. And it shall come to pass, when I bring a cloud over the earth, that the bow shall be seen in the cloud: And I will remember my covenant, which is between me and you and every living creature of all flesh; and the waters shall no more become a flood to destroy all flesh. (Gen. 9:13-15)

PUZZLE #5: THE TOWER OF BABEL

The words below describe the Tower of Babel. Search for them in the puzzle below.

```
H  S  E  D  I  R  M  L  N  Y  I  M  N  W  Y  F  E  I  L  O
M  C  C  R  I  M  E  I  S  O  L  V  O  S  F  E  U  C  N  T
A  O  E  A  L  S  A  N  E  F  E  T  T  R  V  S  I  E  O  E
Y  N  Y  E  T  L  P  G  E  M  B  I  P  S  T  D  L  D  A  T
N  F  R  A  P  T  B  E  I  L  A  S  L  R  A  A  M  I  D  O
O  O  D  M  Y  S  E  R  R  N  B  N  Y  W  N  E  R  P  M  W
T  U  A  D  T  O  E  R  I  S  A  O  A  G  D  S  M  U  I  E
U  N  B  O  E  N  A  N  E  C  E  T  U  S  Y  A  S  O  M  R
N  D  N  U  O  M  L  Y  O  D  K  A  I  R  U  L  O  N  R  O
D  E  M  R  I  P  O  A  S  U  G  N  E  O  D  E  K  R  E  F
E  D  A  P  N  L  F  R  N  E  M  W  D  E  N  F  K  S  B  B
R  L  N  O  R  S  D  O  W  D  O  E  C  T  R  P  U  A  Y  A
S  A  R  E  A  C  H  U  N  T  O  H  E  A  V  E  N  N  M  B
T  N  E  I  F  S  Y  R  S  E  U  F  C  Y  K  N  W  O  T  E
A  G  B  E  L  T  P  E  R  A  P  U  S  A  E  A  I  O  S  L
N  U  W  U  T  R  W  N  L  O  C  E  O  H  F  N  D  G  P  N
D  A  N  O  I  P  A  M  B  I  T  I  O  N  I  E  R  C  E  R
E  G  S  N  A  L  P  S  N  E  M  E  T  P  O  N  M  U  N  B
L  E  Y  P  E  S  D  W  E  L  T  N  E  Y  L  K  A  P  O  M
N  O  T  H  I  N  G  R  E  S  T  R  A  I  N  E  D  R  E  J
```

AMBITION	DISPERSE	MENS PLANS	REACH UNTO
ABROAD	DWELT	MORTAR	HEAVEN
BABEL	FROM EAST	NOTHING	SCATTERED
BEGIN	IMAGINATION	RESTRAINED	SLIME
BRICK	JOURNEY	ONE LANGUAGE	STONE
BUILD	LAND OF SHINAR	ONE PEOPLE	TOWER
BUILD US A CITY	MAKE US A NAME	ONE SPEECH	TOWER OF BABEL
COUNFOUNDED	MAY NOT	PLAIN	
LANGUAGE	UNDERSTAND	POWER	

So the Lord scattered them abroad from thence upon the face of all the earth: and they left off to build the city. Therefore is the name of it called Babel; because the Lord did there confound the language of all the earth: and from thence did the Lord scatter them abroad upon the face of all the earth. (Gen. 11:8-9)

PUZZLE #6: THE BOOKS OF THE BIBLE

The words below are some of the Books in the Bible. Find them in the puzzle below.

```
L M S E T V R E P R O V E R B S M O E S Z M T H D
H A D V T H E S S A L O N I A N S T C X A P A E O
O A M M E A R M A P S P E T E R B S M T C I U S L
S E G E A T G A L A T I A N S B O J T B M T E D K
E R T G N R M Z M O Z C T B A N O H E E E L S R C
A M D T A T K V S E G S E K H N E T H R C R J E P
E R L S I I A O E K L T U K A W L E O I E O P V S
P S E E N M C T J E T C N H U J N N N H H M H E G
H C V M O W O G I I S A M U E L O O T N G O I L T
E O I R Z E P T K O T M S I B M R S S I Z S L A O
S L T O E Z E P H A N I A H Y H E U E O B W L T H
I O I R E R C H L Y M S N R C I D K P Z O A I I S
A S C E V H B O N O E T S I Z O C B H N E H P O E
N S U H A O A J R T X O S M X E A L K X A K P N J
S I S E N E G I S I N P U E S N E J U I B Z I Z O
R A T P C O G A R G N A H O L U R H A S C L A E E
E N M S N Z I K O A G T C I M C P S T M E T N O L
B S V T O S U F B I H N H A L A I A G U E H S H B
M R T M E K S V A S K C S I O E L N T C K S I S T
U D N L K O M B D A N I E L' A S M A O L J G M G A
N S C A L S P H I M V A N Z M N U O C R H W P N L
M C B O H Z T T A E O Z M G O H S T N H H A T I E
E A M O S U S U H O D G K O S C B M I N I C C K R
H O S D R A M R X S T U M O R A P O A T O Z I I V
N S A E V E R S E G D U J V S W E R B E H A R I M
```

Genesis	I Kings	Ecclesiastes	Amos	Matthew	Colossians
Exodus	II Kings	Song Of	Obadiah	Mark	Thessalonians
Leviticus	I Chronicles	Solomon	Jonah	Luke	Timothy
Numbers	II Chronicles	Isaiah	Micah	John	Titus
Deuteronomy	Ezra	Jeremiah	Nahum	Acts	Philemon
Joshua	Nehemiah	Lamentations	Habakkuk	Romans	Hebrews
Judges	Esther	Ezekiel	Zephaniah	Corinthians	James
Ruth	Job	Daniel	Haggai	Galatians	Peter
I Samuel	Psalms	Hosea	Zechariah	Ephesians	Jude
II Samuel	Proverbs	Joel	Malachi	Philippians	Revelation

All scripture is given by inspiration of God, and is profitable for doctrine, for reproof, for correction, for instruction in righteousness. (II Timothy 3:16)

PUZZLE #7: ABOUT GOD

The words below speak to God's Character. Find them in the puzzle.

```
W O N D E R F U L S U O L E V R A M G L I V I N G
G O D O F H O S T S D O G N E E S S A H E N O O N
M R D H R O L G O D A L O N E D G N S O O H D U V
T Y E V O L S I D O G H T I A F F O D O G O N R P
W O S A S U E J F O R E H T A F E T Y F O G O E
N U B A T D E A R T O O U R H E A R T S N M F W T
E R O E L E K G O D S P R O M I S E A E U H A N A
K S L K W V R N R U C Y O J S H B L E S E I I O N
A O P Y O O A T H I E I V I U D V L R A Y H T T O
S T Y D R S R T H L T R E W B A S U V T O D H A I
R S R K T C I S I A P I A M T E O E H N I I F M S
O E E R H W G O H O N N Y I K I N G O V R W U A S
F N T N Y E C M O I N O O H I R I R I T S P L N A
T O S A I H P S I T P N U N T M E N L M F N S O P
O H Y S E L O V I N G P V R E R E F I I E N V L M
N C M G O R D J K T E I E U H B O H T G G N I K O
G S L L E G G O D O F G O D S E E W R I W H C T C
I R T I R I P S G L O R Y E U K A S E C R U T I M
S N A G V J U R E I R M G H I J D R I S F Y O J E
H K H C T O O W N B U K T L U O S H T D I B R I R
G C F E I T N E I D S U E S S W H B O T E A Y H C
R O P R A O C G U H R N T I R I P S Y L O H R K I
M S O E L V U L S T O B E F E A R E D P Y G I P F
P L R D O H E S K N E M P A T H E T I C S O E M U
G C K L G L O N E U R T E R A S E S I M O R P A L
```

Compassionate	Godliness	Honest	My Salvation	Our Own
Creator	God Of Faith	Honor	Mystery	Praise Worthy
Dear To Our	God Of Gods	I Am	None	Reigns
Hearts	God Of Hosts	In Heaven	Beside Him	Spirit
Divine	God Of	Joy	None Else	To Be Feared
Empathetic	Salvation	Just	None Like Him	To Be
Faithful	Gods Promise	King	No One Has	Worshipped
Father Of Jesus	Good	Light	Seen God	Truth
For Us	Gracious	Living	Not A Man	Victory
Genius	Great	Loving	Not Forsaken	With Us
Glorious	Greater Than	Marvelous	Promises	Wonderful
Glory	Our Heart	Merciful	Are True	Worthy
God Alone	Holy	Mighty	Of Heaven	Yours
God Is Love	Holy Spirit	Mine	Ours	

Be not deceived; God is not mocked: for whatsoever a man soweth, that shall he also reap. For he that soweth to his flesh shall of the flesh reap corruption; but he that soweth to the Spirit shall of the Spirit reap life everlasting. (Galatians 6:7-8)

PUZZLE #8: ABOUT JESUS

The words below contain clues about the character of Jesus Christ. Find them in the puzzle below.

```
L H E A L E R A P M A R I G H T H A N D O F G O D
M A S T R E T E R N A L D O M I N I O N W O M E O
U P M A S H G S M H E A D O F C H U R C H E I K O
S I B B C E O D K I R C S C R X Y T O K G F H I L
T H S D O A C N E P S E I W L H B G U A I U O N B
R S D E I F I R O L G S C F T U L S X C M X A G S
E R L P O A G W H R W R I R I O F C U A W H C O I
N O A M H S E O K E K O O R R N R N S P A N F H
G W O T G R D W D R A W N Y N E C I E L E O P K Y
T S I R H C F O D O O L B K V O T A A D F J X I B
H E T S I G Y C M E S S I A H Y F O S M N B E N D
E C N E T S I X E E R P E N N N K S A S R O A G E
P A R B E M E L K Y E H W D G O O N I T E U W S S
D R W E R C R E A T O R C J E V I S R N S H U X A
I O O Y T I R O H T U A X P P R I N D E S E C R H
V D G L M S D K D E S S E L B W U R T E H K T I C
I L E F E C A E P F O E C N I R P G T E V C M O R
N U S T O S D M G Y R T N E C O N N I U D O A B U
I F A P L N N R C R S U F F E R I N G F E O L E P
T H G Y E A O U I M O D S I W Y C H R I S T N E T
Y T M C D R X S O E L O R D O F L O R D S N D E B
O I S K C A P E X C H I M M U T A B L E Y C A M R
R A I S E D F R O M D E A D Y O P F O R E V E R Y
S F O C Y K L L E H D N A H T A E D F O S Y E K T
```

Alpha	Divinity	Honor	Omega	Strength
Anointed One	Eternal	Humanity	Power	Suffering
Ascended	Dominion	Immutable	Pre-Existence	Teacher
To Heaven	Exalted	Innocent	Prince Of Peace	Transfigured
Authority	Faithful	Jesus	Purchased By	Wisdom
Beloved Son	Forever	Keys of Death	His Blood	Wonderful
Blessed	Glorified	and Hell	Raised From Dead	Worship
Blood Of	Glory	King Of Kings	Remission Of Sins	Worthy
Christ	Head Of	Knowledge	Riches	
Bridegroom	Church	Lamb Of God	Right Hand	
Christ	Healer	Light	Of God	
Counselor	Healing	Lord Of Lords	Sacrifice	
Creator	Virtue	Master	Son Of God	
Crucified	Heir	Messiah	Son Of Man	

For God so loved the world, that he gave his only begotten Son, that whosoever believeth in him should not perish, but have everlasting life. (John 3:16)

PUZZLE #9: ABRAHAM

The words and phrases below describe Abraham and his journeys. Find them in the puzzle.

```
T  J  H  P  U  B  L  H  A  H  S  L  P  S  M  U  J  B  H  A  R  A  N  E
A  I  U  A  F  N  E  L  D  Y  L  A  O  E  S  I  T  A  B  A  R  B  F  D
L  B  T  S  R  E  S  A  A  T  R  J  N  Y  R  T  R  R  C  M  L  I  R  O
R  U  V  H  D  E  M  E  L  C  O  T  K  D  I  S  A  G  I  O  W  K  B  G
H  L  F  G  E  A  T  V  L  U  E  S  N  J  B  H  U  G  L  S  B  E  A  Y
W  A  O  H  S  D  I  F  R  F  F  N  V  U  A  Y  H  A  A  I  T  K  T  B
E  D  I  C  T  J  T  N  O  O  I  H  I  M  O  T  T  H  D  H  P  A  A  T
A  M  U  R  K  I  E  O  S  N  C  S  T  V  Y  C  A  H  E  E  I  T  B  L
L  S  B  H  O  D  A  R  M  R  O  P  H  I  I  R  Y  L  E  R  D  S  E  I
T  D  H  R  G  M  A  F  A  E  R  S  N  M  A  D  U  L  K  S  I  I  R  U
A  O  T  C  A  T  T  I  R  O  L  P  J  S  U  F  C  I  N  N  E  M  N  B
R  O  D  O  S  C  R  N  M  A  R  C  D  R  C  L  F  O  C  E  D  A  A  Y
I  G  I  H  L  T  E  I  U  A  B  E  H  O  T  N  T  O  N  A  V  S  C  T
N  D  J  N  A  D  S  D  Y  O  I  E  V  I  A  S  R  I  R  C  S  A  L  I
H  E  E  P  N  E  E  E  P  N  M  E  H  M  Z  R  E  B  T  E  E  Y  E  C
E  R  H  G  D  U  R  U  E  R  N  A  E  S  U  E  E  T  R  U  H  I  S  H
B  E  I  A  A  H  M  D  C  A  O  C  U  P  R  T  D  U  E  E  D  T  V  L
R  V  S  V  G  T  M  E  N  S  H  M  T  I  H  E  R  E  S  R  G  E  A  E
O  O  P  U  H  A  S  T  R  A  E  I  I  E  S  H  E  A  K  E  E  Y  E  F
N  C  G  E  R  E  R  A  N  A  B  R  L  S  T  A  A  B  G  R  C  V  P  Y
A  E  I  B  L  I  V  G  P  L  B  S  U  O  E  G  A  R  U  O  C  H  E  T
U  R  A  V  O  B  E  N  E  V  O  L  E  N  T  S  A  C  A  H  P  O  E  S
S  U  D  I  E  D  I  N  T  E  R  C  E  D  E  D  F  O  R  S  O  D  O  M
D  G  L  O  H  H  T  G  N  E  R  T  S  K  F  R  D  I  S  H  M  A  E  L
```

Abraham	Egypt	Ishmael	Rescued Lot
Abram	Embraced Promises	Jacob	Sand By The Sea
Altar In Hebron	Father Of Faithful	Mighty In Prayer	Sarah
Beer-Sheba	Faithful	Mistake	Sechem
Benevolent	Hagar	Mount Moriah	Severe Test
Bethel	Haran	Multitude	Sojourned
City Built By God	Heavenly Country	Name Changed	Son Of Terah
Conceive	Heed God	Past Age	Stars Of Sky
Courageous	Heirs	Patriarch	Strength
Covenant	Incorruptible	Persuaded	Tabernacles
Damascus	Innumerable	Pilgrim	Tithed To
Denied Sarah	Interceded	Promised A Son	Melchizedek
As Wife	For Sodom	Recovered Goods	Unselfish
Divine Call	Isaac		

By faith he sojourned in the land of promise, as in a strange country, dwelling in tabernacles with Isaac and Jacob, the heirs with him of the same promise: For he looked for a city which hath foundations, whose builder and maker is God. (Hebrews 11:9-10)

PUZZLE #10: ISAAC, SON OF ABRAHAM

The words and phrases below describe Isaac and his journeys. Find them in the puzzle.

Abraham
Abrahams Son
Abrahams Temptation
All Nations Blessed
Blessed Esau
Blessed Jacob
Burnt Offering
Caught
Faithful
Fear Of God
Gerar
God Will Provide
Hearkened
Imitated Fathers Sin
Isaac
Isaac Bound
Knife
Laughter
Man Of Faith
Obeyed God
Offered As A Sacrifice
On The Altar
Peaceable
Persuaded
Prayerful
Ram
Rams Horns
Rebekah
Sarahs Son
Seed Called
Staff
Submitted To God
Thicket
Thousands Of
Millions
Twins
Where Is The Lamb

```
T Y I R O L A U G H T E R U B S R E B
D H L R A J C T Y D E L L A C D E E S
L E O D G R D R B F H A A M B J A C M
A N N U E C E S E C T R G W E L F B E
I B F E S W P G V B U M J I L E U L T
Y S P S K A E U T I E N S N S R E A H
A Y A K Z R N V A D O K A U N S B S I
D E F A V O A D E S F T A T E R N V C
P E N H C S D E S A I L O H A L G E K
W I D C R I U H H O B F E H J O E U E
V H U A T A A Y N P F E A A D W V R T
I P E K U R M S T E O M R W R P A S T
P M B R A S B S R I N Y I A B I H W A
B O I S E L R I H V O L O L R E I V C
M R S T E I N E E O L A E W L N B O F
E T E S A G S L P P R S L O S I D N G
L C S B N T B T R R S N N Y J F O H I
F E I J L A E O H E A T S A R I P N K
D E P F E Y V D D E H Y W T T J H I S
N O A C I I U J F E L C E A N E A U R
U R A R D R A T A A D A T R O O B W M
R E N E O C C L S O T P M U F M R E N
P A I S O F T A G W M H C B I U N U P
U B P B D A G D S E B I E T D T L A S
H A M E R D E O T A J L T R U I B C I
T E S W S Y N S D V S E C I S R K E R
I D O E E C M U Z I D A L H A S N A W
A N N B D A S W O T N U D H U L I T U
F A O R H E T U O B F S A E G K F N A
F V D A T A S G R H C M U I R F E Y B
O I R E U U O S T S S A V W A E J U M
N B T O S D B I E S B J A T A F F A I
A R T H G U A C O L R I S S K A R F V
M O S H I F M N R S B I O L I V I S O
```

By faith Abraham, when he was tried, offered up Isaac and he that had received the promises offered up his only begotten son, Of whom it was said, that in Isaac shall thy seed be called: (Heb. 11:17-18).

PUZZLE #11 ISHMAEL

The words below describe Ishmael's life. You can find them all in the puzzle.

ABRAHAMS SON
ABDEEL
ARCHER
BEERSHEBA
BLESSED
CASTLES
DUMAH
EGYPTIAN WIFE
FRUITFUL
GAVE UP GHOST
GOD SHALL HEAR
GOD WITH HIM
HADAR
HAGAR
HANDMAID
HEAD OF GREAT
NATION
ISHMAELITES
JETUR
KEDAR
KEDEMIAH
MAN OF THE
DESERT
MASSA
MISHMA
MOCKED ISAAC
MULTIPLIED
EXCEEDINGLY
NAPHISH
NEBAJOTH
ONE HUNDRED
THIRTY
OUTCAST
PARAN
SEVEN
SON OF HAGAR
TEMA
TWELVE PRINCES
TWELVE SONS
WILDERNESS

```
Y P O N T R E S E D E H T F O N A M S
L E H G O D W I T H H I M L M P E N O
G L A R T S H K L L M N R D W G O H G
N O N U W G S N I S O R E C Y S K B A
I P D A E L H M Y G D U F P E U I R K
D A M S R W E Z A I J K T V X M L S R
E R A E H I A M B H L I L C U W E Y I
E V I X T A O B E D A E R P A T R P O
C E D D E T L E V N W R C O E S L L G
X C T R X E R L W T O S B R M U T O H
E S A Y S O E I H B O P A A V S N T F
D O S S I D F K R E T G A R T W O O R
E J E E T E H I X N A L T R I J I U O
I D G U N L O J A H O R P T A E T K N
L O K D S R E M S Y K A H B I N A E E
P S I E T K E S P R E H E A R T N D H
I E E V U T H D E H I N G G S M T E U
T T H C C B N O L M T U D O Y T A M N
L I D E N A H S P I E S H D O D E I D
U L R D E I A O S Z W G E V O N R A R
M E K A T R R S H E P U R F L M G H E
D A R C D X A P I U N I G B O A F L D
K M O N P E R F E D N R Y O A S O A T
E H I T M G K V S V E S E S R B D T H
U S E S I Y A S T A L K I D B I A S I
N I G U H G R O T B Y E C P L M E O R
N A C R A M H N S E A F W O A I H E T
A D P O C T A O E H C S R T M A W B Y
A I C H E T M F D S I P S U E H O R S
C R A T I B U H V R O A D A I G U A E
E O C O L S D A A E T S P O M T S O V
F S N H I T H G H E C O C Y E A F M E
O G R G E C D A R B A R H J A W K U N
H A D A R R S R T I V Y S A B D E E L
```

These are the sons of Ishmael, and these are their names, by their towns, and by their castles; twelve princes according to their nations. (Gen. 25:16)

PUZZLE #12: ESAU

The words, titles and phrases below describe Esau and his descendants. Find them in the puzzle.

```
H A M A B I L O H A W E A P O N S H T I D U J E P R E
S L I T N E L F O E G A T T O P O K C B A S H D Z D P
Y E R Z D U K E M I Z Z A H M N E T A G R O T U U T L
R Y T P Y N D T F M A R W U I L E S R I R Y A K I N O
D D D I H O E L G A N C Z H A I H A E I B O E E G E Y
E U E D M R B E T T E A I M T E Y S F H Y J M K E M A
S K K S F O V B A I K N A S M N T O U W A D F O D I W
D E R E P G D U K B E E F A V N W T L A N O O R E A A
U T B J O I H E O D K V T T U T A H L T S M L A T R N
E E S U Y M S C F U U H W O F D R A Y T C I E H W Y E
K M R R A U A E D O D K M V A Y M R W U F N S E I L K
Z A T E D J S R D Z R X E H O H C O I A K I R O N D A
E N I O D T M E A B Y E O J Y R N S T A S O O T E O T
N T N E M R A G Y R I A H H E A R H H H R N M S W O G
U P T R T H T O B F U R P T T U E E T D I M A D E G N
O A H E Z N A L C Y A L T I A R S A E T L N L Q Z E I
H D S U L E G U D Z A I O H I F H H A I R E U N V L S
A E B E A W E Y X N B N N S R A V E R S I I G A E E S
R T V R S K K D N G S F I T N I M A S F V D E R N E E
E C L E E E U E N U V S F E V Y G P E E T H T O I H L
Z E C E N A D I W T A P K I R A I H R A F S C F S S B
E J A Z U M D E S A R U T O Z E T A T O M D E T O U A
K E N I U E E M C I D N V T H F N K W G I C N D N A N
U R P R E T R A W K L A L U O D C E L I P H A Z L S T
D P D C L P E R L E S W K N B U D B R E A K Y O K E H
U E X W M V A Z O S N O A O T S H A M M A H S E K U D
R E D U K E Z E P H O M W U C U N N I N G H U N T E R
```

ADAH	CUNNING	SHAMMAH	MIZZAH	FATHER OF	MORSEL OF
AHOLIBAMAH	HUNTER	DUKE TEMAN	DUKE	EDOMITES	MEAT
BASHEMATH	DESPISED	DUKE ZEPHO	NAHATH	GOODLY	PLANNED
BLESSING	BIRTHRIGHT	DUKE ZERAH	DUKE OMAR	RAIMENT	MURDER
TAKEN	DEW OF	EDOM	ESAU	HATED	POTTAGE OF
AWAY	HEAVEN	ELDEST	ESAU'S HEEL	JACOB	LENTILS
BREAD	DOMINION	ELIPHAZ	EVEN ME	HAIRY	QUIVER AND
BREAK YOKE	DUKE	DUKE JEUSH	ALSO	GARMENT	BOW
CAREFULLY	AMALEK	DUKE KENAZ	EXCEEDING	JUDITH	RED
WITH	DUKE GATAM	DUKE KORAH	BITTER CRY	MAN OF THE	REJECTED
TEARS	DUKE	DUKE	FAINT	FIELD	REUEL
	JAALAM		FATHER	MOUNT SEIR	SAVORY
	DUKE		IS ISAAC		MEAT

Additional words: SAVORY MEAT, TWIN, TWO, NATIONS, VENISON, WEAPONS

...these be the Dukes of Edom, according to their habitations in the land of their possession: he *is* Esau the father of the Edomites. (Gen. 36:43)

PUZZLE #13: HEBREW CALENDAR & FESTIVALS

In the puzzle below, find the Hebrew months of the year and festivals.

Ab
Abib
Adar
Bul
Chisleu
Day of Atonement
Elul
Ethanim
Feast of Dedication
Feast of First Fruits
Feast of Harvest
Feast of
Ingathering
Feast of Lights
Feast of Lots
Feast of Purim
Feast of
Tabernacles
Feast of Trumpets
Feast of Weeks
First Fruits
of Barley
First Sabbath
First Second
Sabbath
Little Passover
Nisan
Sebat
Second Passover
Seven Days of
Unleavened
Bread
Sivan
Tammur
Tebeth
The Fast
The Passover
Zif

```
Z S O T H T F E A S T O F L O T S E Y
A I T F E F L U L E A B B A F F T D E
F E F E A B R A B V A E S Z I E H C L
E C I S T V E B A E L T S R R A E B R
A R E T S R A T Z N H O U A S S P S A
S T N O E I C H H D B C G A T T A E B
T E R F V A H H Z A A I A H S O S A F
O B S A R B B F I Y B Z G F A F S F O
F A T S A T E L E S N I O M B T O T S
F E G A H A C A A O L M B O B A V S T
I N A E F H T L V F B E T M A B E U I
R C A S O S N E O U V Q U E T E R F U
S L G F T B F T L N U A F C H R O E R
T I N A S O S A S L F E A T S N F A F
F C I E A A F E S E B A T U N A U S T
R T R R E T Z W T A M M U R P C P T S
U F E F F R L R E V A L A U T L E O R
I I H S T A Y L A E B I R I T E R F I
T R T E M I L I Z N K M Y M M S I D F
S S A R T D B T N E Z S R T U O T E E
L T G E F N O A M D F A N S I F A D A
E S N V E A V U P B T E B A E S O I T
F E I O A I E R S R M O T S T M P C U
D C F S S O B T A E F T P O L E U A S
O O O S L T B A N A S N F U I T R T R
I N T A D E O O T D D T I M R O A I F
L D S P U V T L F E R A S S E F S O O
T S A D G A R I F U L M R A A O C N T
A A E N F L U T M O C E I B F N T A A
C B F O O S S P T H T A E N M E I Z M
D B Y C D I E A E R L L T E A F H A I
E A T E H T P A O V S S A P O H V T E
D T F S S R E V O S S A P E L T T I L
T H O M I R U P F O T S A E F R A E L
```

All that the Lord hath said will we do, and be obedient. (Exodus 24:7).

PUZZLE #14: JOSEPH

The words below describe Joseph and his journey. See if you can find the words in the puzzle on the next page.

BAKER	MADE KNOWN
BENJAMIN	MEADOW
BILHAH'S SONS	MERCY
BIRDS ATE	MOON
BREAD	MOURNED
BRETHREN HATED	OATH
CAMELS	OBEISANCE
CARRY UP MY BONES	ONE HUNDRED TEN
COAT OF MANY COLORS	OVER ALL THE LAND OF EGYPT
CONSPIRED AGAINST	POTIPHAR
CORN	POTIPHARS WIFE
DEARTH	PRISON
DEVOUR	REBUKED
DOTHAN	RECOGNIZES BROTHERS
DREAMED	REIGN
EATEN UP	RETURNS TO NAZARETH
ELEVEN STARS	REUBEN DELIVERED HIM
ESTABLISHED BY GOD	REVEALS IDENTITY
ESTEEMED	RING
EVIL	RIPE GRAPES
FAMINE	SAD LOOKS
FAMISHED	SEES GODS HAND
FATHER LOVED HIM MORE	SELL HIM
FIFTH PART	SEVEN EARS OF CORN
FINE LINEN	SEVEN KINE
FORGIVING MAN OF FAITH	SEVEN THIN EARS
GLORY	SEVEN YEARS OF PLENTY
GOLD	SHEAVES
GOSHEN	SOLD INTO EGYPT
GOVERNOR	SON OF JACOB
HANGED	SON OF RACHEL
HAVE DOMINION OVER	SPIRIT OF GOD
HEBREW	SUN
HERE AM I	THREE DAYS IN PRISON
I WAS STOLEN	THREE WHITE BASKETS
ILL FAVOURED	TO SLAY
INTERPRETER OF DREAMS	TWENTY PIECES OF SILVER
ISHMEELITES	VINE WITH THREE BRANCHES
JOSEPH	WELL FAVOURED
JOSEPH PROSPERED	WEPT
KILLED A KID GOAT	WISE
KINDNESS	ZAPHNATHPAANEAH
LAND OF FATHERS	ZILPAH
LET US NOT KILL HIM	

PUZZLE #14: JOSEPH

E Y T N E L P F O S R A E Y N E V E S H C E C T E M S S
H R A P D E R E P S O R P H P E S O J A S D W N I R R N
K E O L Y O F T A V S D E K U B E R M E E E I H A O F O
L I R M S G A I U T D E I G R Y H E H G N K L E L H I S
M S N E M O E T F E E L V E O T L C N T N L N O T W E S
A I T D A I T O H T L N A A S S N A Y E I C R A P S H
C D H A N M H S T E H D U E E A H P V S H Y A S A K M A
N O E D C E I D D N S P V P R H I E B T N E S R O O W H
N A N O E M S A E O I E A B L E S Z N A D T G O U A N L
Y E R S A R K M N V N D E R C I U E M B O E L R Z E S I
R N T F P I E O A E O E L E T R V F U L P D N T N S D B
O E M D D I F V A E R L S O E E O E E I A E P A T E R Z
L I C G E R R R I H R O R V S T M N R S D Y H E V O I N
G E O O A R S E T L F D O E A M T E H H G T K O N L T Z
S A F C G O D H D S E N F O H H E T A E O S U R P D A H
T O H I F N T N I A O D C O R T I R F D A R E A E P R P
Y E N C W I I L U I G S N E R A A O C B O V H M H E O M
L T O O W S V Z N H E A E F E D F E Y O W A N T T E I
B R I E F E R I E E D I F B N T T A G R E A U I S G H
N R N T R J M A S S A N O N A U I E O O R T R P E H S L
A I E N O A G H Y B N O L S H E L R D H N H N E R R L
V S I T D E O C S P A R E T W T D R E P S A O B E B A I
U G E H D D I O M I H O E N O F R A T R B R H R I T K
N E V T S R N I G B T T E T G E U A O N Y E T S B R S T
D A C H I P E N S L S R O F H O N N M M W A T E E D N O
H E A N R L I N L L H U O P V E A I P I F O N N W S E N
P N M I A V E A H T A T N A A Z R U L F N J N E I A V S
D R S E I S R E B A I F F H A I Y S O E A E O K S T E U
W O I G E E I A M R T L V R L R T D O M N P O S E E L T
N E R S V T K E I H L E E E R I N G I C H I M C E D E E
A O P O O E S P B I S T D A R A G N R S E F N O P A L
F R I T R N S E T O H I C T L D C R O N E H A R I S H M
S S E N D N I K O D E R U O V A F L L E W F R I J O L S

But as for you, ye thought evil against me; but God meant it unto good, to bring to pass, as it is this day, to save much people alive. (Gen. 50:20)

PUZZLE #15: JACOB

The words below describe Jacob and his journey. Find them in the puzzle on the next page.

ALL FAMILIES OF THE	I WILL KEEP THEE	TOOK ESAUS
EARTH	IN ALL PLACES	BLESSING
ANGELS ASCENDING	ISSACHAR	TRY GOD
ANGELS DESCENDING	JOSEPH	TRANSFORMED
ARBAH	JUDAH	INTO ISRAEL
ASHER	KISSED AND WEPT	TWELVE SONS
BENJAMIN	LADDER REACHED	TWIN
BETHEL	TO HEAVEN	TWO KID
BETHLEHEM	LAND OF HARAN	GOATS
BILHAH	LAND WHEREON	WINE
BLESSED IN THY SEED	THOU LIEST	YOUNGEST
BREAD	LEAH	ZEBULON
CANAAN	LEVI	
CATTLE	LORD OVER BREHTREN	
CORN AND WINE	LOVE	
COVENANT	LUZ	
CROWN	MAHANAIM	
DAN	MAMRE	
DEFILED	NAPHTALI	
DEPART SECRETLY	NATIONS BOW DOWN TO	
DEW OF HEAVEN	THEE	
DINAH	OIL	
DREAM	PANDANARAM	
EDARREUBEN	PENIEL	
EDOM	PILLAR OF STONE	
ELELOHEISRAEL	PLENTY	
EMBRACED	RACHEL	
ENVIED	REEDS	
EPHRATA	REUBEN	
EVIL REPORT	RINGSTRAKED	
FACE TO FACE	SAVOURY MEAT	
FATHERS IMAGES	SECHEM	
FATNESS OF EARTH	SEED	
FIRSTBORN	SEIR	
FLED TO LABAN	SERVANT	
FORGIVENESS	SIMEON	
GAD	SPECKLED	
GALEED	SPOILED	
GRISLED	SUBTILTY	
HAMOR	SUPPLANTER	
HERE AM I	TERROR OF GOD	
I HAVE SEEN		

PUZZLE #15: JACOB

```
A B L E S S E D I N T H Y S E E D A D N A P L E I N E P
E L E L O H E I S R A E L N E B U E R R A D E A T N I E
M A L A D D E R R E A C H E D T O H E A V E N S G L N D
O N F F O H N N A A T H I W N A R A H F O D N A L I E G
T D S Y A E P F A T H E R S I M A G E S T J R A W L N L
G W M U B M J E R P O C I T A N R A E P O Y R D K I R E
R H O U B C I Y S N H I A M K T E R A T L O N C D M E A
O E K J T R L T O N T R S A E V N O T F A E N A A S R
B R K S I D I O I N J E A V S A D O E S N P E V W H N S
D E R E I D E L W E E C I L N I K R T R S C A T E A T I
E O T A Y M G L T N S L E T I E C O O N S L S R P N V O
K N G H N E E O I Y D O P C S E N C A E E N U A H A O T
A T A Y L K S O A O A J F A S E M T D H O W N R R I U N
R H K B R E A D N T P K U T N E I S T L S G I B A M I I
T O L G A T H R E D S S R V H O L E U S E P W A T N A D
S U H A E L S E E V B A I C N E B B E L A R T H A I E E
G L N L E N O C M L P E E S G N E N S N N E D L S W S M
N I T E J O A T E E D S B N E Z E A D T D T L R O N U R
I E R E S R J S D O N O A R U V S A R M V P A F O K P O
R S O D B K S I O E W M H L I C N A P T L C H S I F P F
D T P M T I N T M D L T O G E A K Y O A H E E S M A L S
E K E R N A N Y O G E F R N R N T D C E A V S R A C A N
F A R G H A K W O R R O D A E A V E L V L E Y O E E N A
I T L R N I N T B U F I M V E A S Q E E D P N U R T T R
L N I E V T D R O E N L S A D N U N W A R E S N E O E T
E S V T O S E E S G R G D L S P V T N T E A L K H F R K
D O E T E V E H A D U J E K E O A D I F A L E P F A E R
C A H P O E S Q R H O T A S F D W N L O M D I U A C D O
E E G D S V B E N J A M I N T E R R O R O F G O D E U H
E N R E K O A R T A S T I C P I E L T T A C A R S A A R
A O I B I L H A H Y I R U T A F N E E S E V A H I M N D
L R I W L L K E E P T H E E M A L T A E M Y R U O V A S
H T R A E F O S S E N T A F I R S T B O R N T R L E V I
```

By faith Jacob, when he was a dying, blessed both sons of Joseph; and worshipped, leaning upon the top of his staff. (Heb. 11:21)

PUZZLE #16: MOSES

The words and phrases below describe parts of Moses' journey. Find them in the puzzle.

AARON
ABIRAM
ADOPTED
AMALEK
AMBITION
ARK OF THE COVENANT
BOILS
BROTHER AARON
BULRUSHES
BURNING BUSH
CHANGES WATER TO BLOOD
COVENANT
DARKNESS
DATHAN
DEATH OF THE FIRST BORN
DELIVERANCE
DIVINE WRATH
EDOM
FACE SHINES
FIRE
FLIES
FORTY DAYS
FORTY YEARS
FOUR EXCUSES
FROGS
GOD BURIED MOSES
GOLDEN CALF
HAIL
HARD HEART
HIDDEN AT BIRTH
INFANTICIDE
INTERCESSORY PRAYERS
JORDAN
KADESH
KORAH
LAWGIVER
LICE

LOCUSTS
MANNA
MILK AND HONEY
MOSES
MOUNT SINAI
MURDERER
MURRAIN
OFFERING
PASSOVER
PHAROAHS OPPOSITION
PILLAR OF CLOUD
PROMISED DIVINE
EMPOWERMENT
PUNISHMENT
QUAILS
RADIANT FACE
REAPPEARED AT
TRANSFIGURATION
SAVED ALIVE
SEVENTY ELDERS
SISTER MIRIAM
SLEW AN EGYPTIAN
SON OF AMRAN
SPIES REPORT
SPOKE AS ORACLE
STONED
TABERNACLE
TABLES OF STONE
TEN COMMANDMENTS
TEN PLAGUES
THE EXODUS
TO MIDIAN
TRIBE OF LEVI
VISION OF THE ELDERS
WANDERING IN WILDERNESS
WATER FROM A ROCK

```
N A S T W A T E R F R O M A R O C K Q U N O I T I B M A R
P O L L N E V A E S R E Y A R P Y R O S S E C R E T N I S
E O I N I D H A R D H E A R T S I S T E R M I R I A M D U
D E A T H O F T H E F I R S T B O R N S W I V T R S L E E
I M H R A M B R S H C I U Q E R R E R E D R U M E L O L N
C W S X T R Q N O I T I S O P P O S H O A R A H P E A I O
I A E S S H U S I G S U L S Y A D Y T R O F S R S O E V T
T W D T E L E G O A S L I A S M H A C T O P O I B T V E S
N S A O T N S E I L R L S D N I S H O N O M A E M S H R F
A L K N P A R V X F I R E T A L A T O L I N N S A T E A O
F A F E A T X E L O S Q U E S N E S A S A T W T R V Q N S
N P O D L U E I D T D N T M G U Q X E D N X V I I E U C E
I T U G M A E D X L O U A E H T C D R U Q Y B G B L I E L
A E R N A S M S V R I N S R N G D O O S G T W X A I S S B
D M E I I N N A A E E W T A T I J M L Z A A E V P V R L A
I O X R T S D A L A A R N L V T T I A N L I L I X N A E T
V U C E L T H C H T O E S I N V A R E T S A L P Q T E W T
I N U F L Q A M E P V A N A G U W D I S S L O E N S Y A E
N T S F U N S R E O S E L O Q N D A E B A T U Q E E Y N N
E S E O R I T R C N E A L M N I I N U R E S H Y X U T E C
W I S E M O S E S M T D I O H A K R O Z A O Z A W V R G O
R N B A B E H E P L E L R F B R N F E V A E F I R E O Y M
A A R L I T H O L N K A A D A I C T E D B S P L R O F P M
T I O P F S W P C A A C N D N L Y D A C N T V P E C K T A
H O S O U E A A N R E A A G O R A N D E H A U L A V N I N
D T K R R S L D E S I T B U Q L U E S F G J W K M E I A D
C R L M S F H H H D H U D T I X E C A F T N A I D A R N M
A U E O T O T I I A S S E V E N T Y E L D E R S E I E T E
B N V A N O N M N H Y T E X A E L C A R O S A E K O P S N
T E I E R E O V I S I O N O F T H E E L D E R S E A Q U T
R I Y B S T G O D B U R I E D M O S E S T N A N E V O C S
```

AND MOSES WAS AN HUNDRED AND TWENTY YEARS OLD WHEN HE DIED: HIS EYE WAS NOT DIM, NOR HIS NATURAL FORCE ABATED. (DEUTERONOMY 34:7)

PUZZLE #17: JOSHUA

The words below describe a part of Joshua's life. Find them in the puzzle.

ACCORDING TO ALL THE LAW
ACCURSED THING
ACHAN
APPOINTED BY GOD
BATTLE WITH AMALEK
BE NOT AFRAID
BE STRONG AND VERY
COURAGEOUS
BLAMELESS
BURN WITH FIRE
CHARGED BY MOSES
COMPASSED SIX DAYS
CONTENTION
CORD THROUGH WINDOW
DRY GROUND
ELEAZAR
ENTERED PROMISED LAND
GILGAL
GOD WAS WITH JOSHUA
GOOD SUCCESS
GREAT SHOUT
I WILL NOT FAIL THEE
NOR FORSAKE THEE
INHERITANCE
JERICHO
JORDAN DIVIDED
JOSHUA
JOSHUA LED ISRAEL
MEDITATE THEREIN
MOON STAYED
ONE HUNDRED TEN
PROSPER WITHERSOEVER
THOU GOEST
REMEMBER THE WORD
SCARLET THREAD
SERVICE

SEVEN PRIESTS
SEVEN TRUMPETS
MOUNT NEBO
SEVENTH DAY
SHILOH
SON OF NUN
STONED
SUCCEEDED MOSES
SUN STOOD STILL
TABERNACLE
THREE DAYS
TIMNATHSERAH
TRIBE OF EPHRAIM
TWELVE STONES
VALLEY OF ACHOR
WALL FELL FLAT
WATERS CUT OFF
WITNESS

PUZZLE #17: JOSHUA

```
R E M E M B E R T H E W O R D B L A M E L E S S L N K O T R
S E V E N T H D A Y O S J S H E C H A R I E N L R E T S I G
A U S H O N E H U N D R E D T E N C X N S T I A L U E G O C
J T O S T H S D Q I T E R M E N V E R O D T S A E O H D V E
C O I E O L A U A E L H I S S I E U M K S Y M S G S W A E D
H A S L G O R R B C N A C O M S H D O D R A N U S A L H R A
I T I H T A F O A H R N H E V E N O N H S O E S L T T C R
E H O S U A R N C H K T O N V D Y O M T N H C W E E S C E A
S L E R T A R U P T T I O S E Q T F I V T C I Y K L O O S V
J V E O A E L E O O R T M E N S K W M R U T O A N R I N R W
E G N A B T F E Y C S E C L N U E O E S H F S V D N L T E A
U E N A Z O H E D E Y C W U R L O V D J A R Z I T S R E O W
B H T R E A L B V I U R S V T X E O O C O Y N A B R Z N A O
I S I B Y T R L S S T E T A O O S H F E G I L G A L T R M
S E I T A X E C S N E R A V S G H O R F T C G T I M E I F A
E R A V I W Q Y R P A B A R D U R O D O E F H A Y R C O D S
T V U H T N A S M T M L E E A N N A A D E N O T S A H N C W
A I D G I D V U R O A H D T L E A L U V N A H C A T A A R O
L C E S E X R W O R T G A E E U L G N H M Q U O N I R C E D
I E N E Y T E N U I Y L G H S T I D N O S T Z I F L E C T N
C I R Z N U S C W A F I T E H I O H D O O O E L E O S U S I
X H O E O T N R A L T L S E B G M E N F R R J T N E H R E W
T I V E A L E F L W I O L U Y H D O F R E T T I D C T S V G
V E R Y R P M E A A M A R B T I F E R H P H S N A N A E E H
S J E S S O F O F Y W N D R V N E R T P R E U E R A N D N U
K D U O R L Q T B V W E N I U Z S E S E D O V R B T M T P O
M W R R L D O D A I T O D N V S T U A C R E S A E I I H R R
S P T A I N E R T N V N P W A A E D T G O C R D E R T I I H
A O W U L G S H I R A Y R A T B M P Y R B N K E V E L N E T
Y X V L R Z F O L D T R I I W N O R E A S I N K T H V G S D
T U I A Y I P X R C V L D B O S D W I T N E S S A N O S T R
R W H K R P Z O I G R E A T S H O U T D R R V A K I E T S O
I C S E A O J N T U M B W V S Y A D X I S D E S S A P M O C
```

AND ISRAEL SERVED THE LORD ALL THE DAYS OF JOSHUA. (JOSHUA 24:31)

PUZZLE #18: THE EXODUS

The following words concerning the Exodus from Egypt, can be found in the puzzle on the next page. Search for them there.

AARON	MORAH
ABLE MEN	MOSES SONG
AMALEK	MOUNT SINAI
BAKE	NO STRAW
BITTER WATERS	NO WATER
BLOOD FORBIDDEN	OMER
BLOOD UPON LINTEL	PASSOVER
BREAD TO THE FULL	PEACE OFFERING
BRED WORMS AND STANK	PERPETUAL OFFERING
BURNING BUSH	PILLAR OF CLOUD
CANAAN	PILLAR OF FIRE
CHARGE THE PEOPLE	PLAGUES
COMMANDMENTS AND LAWS	QUAIL
CONFESS	RAIN BREAD FROM HEAVEN
DELIVERER	RED SEA
DESCENDED UPON IN FIRE	RETURN TO EGYPT
EAT FLESH	SABBATH
EGYPTIANS DROWNED	SANCTIFIED THE PEOPLE
ELIEZER	SANCTUARY
FIRSTBORN SLAIN	SEETHE
FORTY YEARS	SERVE GOD
GENERATION TO GENERATION	SET APART
GERSHOM	SHEKELS OF SILVER
GODS MESSAGE	SMITE THE ROCK
HEARTS HARDENED	SPOIL THE EGYPTIANS
I AM	STATUTES OF GOD
IGNORANCE	SWEARING
JEHOVAH	TEMPTED THE LORD
JEHOVAHNISSI	TENTH PART OF EPHAH
JETHRO	THE REMNANT
JOSEPHS BONES	TRESPASS
JOSHUA	VOICE OF TRUMPET
JUDGE LEPROUS	WASHED CLOTHES
LEST LORD BREAK FORTH	WATER FROM ROCK
MANNA	WILDERNESS
MASSAH	WROTH
MEAT OFFERING	ZIPPORAH
MERIBAH	

PUZZLE #18: THE EXODUS

```
V E A S R T O L V A E R I F N I N O P U D E D N E C S E D W
I O R A I N B R E A D F R O M H E A V E N A D S G B I L A T
N I I N G B D F C A G E A C E O G S U O R P E L E T P T R O
C A C C T P Y G E O T N R U T E R O W C S A G N A S E I D G
E B H T E V I T N M I J I E R W L A O H S R B O S R A M O H
A N A I T O X L E V O A Q R Z L T N H E A E L E F P C I E A
R T R F R W F I T S G I N U A E F M O S O V O R S R E T S H
B O G I A J E T H R O N M I R E I Y N C O A O M A N O G E P
R I E P S L U R F R O O D S V W L E I E M D H Y R F F O E
A S T D A T A R E U E T H S N T E S E T R N U B E Y F I U F
Z L H T T L O Q O S M F W H S O N R B O I T P T O J E R S O
E I E H E P C U T T B P R E Y E L U C T F N O S T Y R S W T
S N P E S R T I I E A Y E S H A S K O O F D N T S E I T U R
V D E P A S W X R I R T N T I N W O M M O R L R W O N B H A
E S O E O W T A R K H O I A M G I P M E R P I E Y R G O A P
N E P O L R I E T E Y P V T S H E O A D A I N R B I F R K H
S G L P N O A Y B E I A N U W I X L N S L Y T M E K O N I T
P A E L D T L H U D R S D T U O U H D A L T E E N N Y S S N
O P S E F H I G E Y M S R E S H T Q M R I R L A K P U L S E
I T P L S M E L O A E O E S T R E D E W P B T T I T E A I T
L A E L A S I T H O W V H O O N A A N A C S R O L H S I N T
T S D F A V E S E R H E A F M I R D T I D O B F I E D N H Y
H Y A N E G J N C I S R K G R E M N S N W D O F D R E N A H
E R S R G N U K R S I A T O L E R O A D H I N E W E N I V M
E T E F E I D E T E E N B D Y N I S N H A B I R E M E S O E
G R R S A R G W S R D A R B F V M T D E A O K I H N D E H D
Y A I R K E E R B O K L V S A R H R L T M S O N A A R H E E
P S V A S F R D N E R H I P O T O A A K A E S G I N A T J N
T N O E A F R B A P M F M W E S H W W M A L L A R T H O D W
I D L Y N O A A W A E W D D R H N O S H D I I B M D S L K O
A L C Y L L S U M L K E R I O E G E D T E V A T A E T C C R
N I E T D A T T N A R O E S Y K R U D B R S U U P I R D O D
S O S R G U E N O B L L V U W E O H R D U E Q H O S A E R S
P E I O A T A H K E D E O P S L I Y B E I R S A Y A E H E N
L S T F D E L T H Y T S K P C S S O R G C B N P U M H S H A
E Y P A R P E T X F W I M F B O L E N A O N R I A E T A T I
A P N O A R D H L I T I O E M F T A R N U A A O N S T W E T
G O D S M E S S A G E R H S I S T Y E V E T E R F G S H T P
S N U E T P O L A F A Q S E N I O S R S E F C A O D B S I Y
A C A P M G R N O L U N R D I L S T D H R G R N Q N O U M G
N F M O R E N A L F A L E L I V O E V A D R O D A U G O S E
G E N E R A T I O N T O G E N E R A T I O N U D O S T I L H
T O M E M N P R I E D G E T H R L L U F E H T O T D A E R B
```

...for by strength of hand the Lord brought us out from Egypt, from the house of bondage. (Exodus 13:14)

PUZZLE #19: LEVITICUS

THE WORDS BELOW DESCRIBE THE BOOK OF LEVITICUS, FIND
THEM IN THE PUZZLE.

AARONS SONS
ASUNDER
ATONEMENT
BULLOCKS BLOOD
BURN UPON ALTAR
BURNT SACRIFICE
CATTLE
CONFESS
CONSECRATION
FINE FLOUR
FIRE UPON ALTAR
FIRSTFRUITS
FLOCK
FRANKINCENSE
GOATS
GREEN EARS OF CORN
GUILTY
HEAD AND FAT
HERD
KID OF GOAT
KIDNEYS AND FAT
LAMB
MAKING AN OATH
MALE WITHOUT BLEMISH
MEAT OFFERING OF FLOUR
MEMORIAL
NADAB AND ABIHU
NO FAT
OBLATION
OFFERINGS BY FIRE
PEACE OFFERING
SEASON OFFERING WITH SALT
SHEKEL OF SILVER
SEVEN TIMES
SHEEP

SIN OFFERING
SIN THROUGH IGNORANCE
SKIN OF BULLOCK
SLEW THE BURNT OFFERING
SPRINKLE BLOOD UPON ALTAR
STRANGE FIRE
SWEET SAVOUR
TABERNACLE OF
CONGREGATION
TRESPASS OFFERING
TURTLEDOVES
UNCLEAN THING
UNLEAVENED
UNTO THE LORD
VOLUNTARY WILL
YOUNG PIGEONS

PUZZLE #19: LEVITICUS

```
L E A J E S L E W T H E B U R N T O F F E R I N G I F N A G
O L F A H I N R E D P S I U R A C M A S A T F E T S I Y R U
D L I Y R A T L A N O P U E R I F O U T H S S T R A N E C I
G S R W E S O S E A V E T A R N Y B N A C A M U B D E C H L
O H S O Y A C L O M R S L K E C U M S S A T H S I N F G A T
F R T J I R Y C K I D O F G O A T P X O E G O T E G L T O Y
L Y F X T N A H W S E D N A T R C E O T W C S A O C O E F I
A V R O E G T A E A L R S P V R K E N U I R B R E U X T V
E Y U N L S N G N S C F O E S A C N A H A S T A O K R A E T
S R I T A I T O T U E I S A H O K O T K O L A D T A B T H M
F N T S H B F T V Q L N A I S P N A W F G O T A O I R S E Y
R A S D R V H E A U S O K D I Y I S C A B F A M B O M R B
C D L E A E T K N E B C V U M U X O I N E D M H R G O N U N
A O R O R U I A V S I N T O E Y R S B O N A D E A R O R H A
C D O O L B S K C O L L U B L N T D N A Q S U Y I L N O Y P
I N S T L A S P R I N K L E B L O O D U P O N A L T A R G P
C T O E S E A S A R C H F O T H K A T R U J L I S V I N D O
R W U G N I H T N A E L C N U R E E D N E W Y A H Y L L A T
A A B E O P E T E C I N L S O H M V W E I R C H U S K E A L
F S O R R N N F O L V O I E H S D G A R H R T O R B Y M I A
N H Y I R E H O M T H Y C V T F R A N K I N C E N S E U L S
N E T O C S L T I S N O E O I V Q B O F O G O A S O G S E H
M K I B A T W E L T L U N D W I M N I G N O D W R O F A W T
A E W L P N A J S D A N S E E A R C H I T A E V O M E H L I
H L A A Y O K E R L I G O L L B E V R S B E N T H W O T O W
R O E T V E S J A W K P E T A E T E Y A T D O R T D L A R G
T F C I O M S T R G N I O R M L F O N S C A E B A R S O B N
U S M O N F E G I M S G N U G F T D A K R D O C K M A N Y I
B I J N L I F N L O K E I T O N A V T G N A M G T O D A H R
O L U D P A N E T A T O G N Y B O N K U E S R T W E Y G D E
D V R F A Y O N R N A N I R I U N C S E S Q U C K T A N S F
E E B J H S C A S I I S E H R A T A F D N A S Y E N D I K F
W R L E M X H P H R N I U K N Y F V C O S N K A E B A K I O
S U C O T P E T E S H G O M B U T N I K E S H C T I G A M N
E T A C N A R F E P E A O S K I N O F B U L L O C K L M I O
F H R S E H F M P W Y T E F A H W M A H T E C L L E T T K S
A L H E B O I O M T C E R I F E G N A R T S Y A F V R S L A
L T O R E T A H N I K S T C D L H J K Y U X W T N O E R I E
E R U C N O N S T G N I R E F F O S S A P S E R T R I T G S
N O A E K N K O R T I D S O G N S U E T D E N E V A E L N U
B E V L O E C N A R O N G I H G U O R H T N I S S E F B O B
P E F A M K L E S U E I N S T R E I G M T N E M E N O T A E
S G E R E R I F Y B S G N I R E F F O U V A S R Y M I N D T
```

These are the commandments, which the Lord commanded Moses for the children of Israel in Mount Sinai. (Leviticus 27:34)

PUZZLE #20: THE TEN COMMANDMENTS PART 1

The following words and phrases describe the Ten Commandments, Find them in
the puzzle.

AGAINST THY PEOPLE
AGATE
ALL MANNER OF WORK
ALTAR OF EARTH
AMETHYST
ANOINTED TABERNACLE
ARK OF THE TESTIMONY
ATONEMENT
BACK PART
BELLS OF PURE GOLD
BERYL
BODY OF HEAVEN
BURNT IN FIRE
BY DAY
BY NIGHT
CARBUNCLE
CHERUBIMS
CLIFT
CLOUD COVERED MOUNT
CLOUD OF LORD
CLOUD TAKEN UP
COME PROVE YOU
COMMANDMENT WITH PROMISE
COMMANDMENTS
CONSECRATE
CONSUME THEM
CONTINUAL BURNT OFFERING
COURT GATE
COVER THEE
CUNNING WORK
CURIOUS GIRDLE OF EPHOD
CURIOUS WORKS
DEVOURING FIRE
DIAMOND
EMERALD
FEAR BEFORE FACES
FIFTY LOOPS
FIRE ON TABERNACLE
FORGIVING INIQUITY

GLORY ABODE UPON MOUNT
GLORY OF GOD
GOATS HAIR
GODS FACE NOT SEEN
GOLDEN CALF
GRACIOUS
HABERGEON
HALLOW IT
HEAVEN AND EARTH
HOLY PLACE
HONOUR FATHER AND MOTHER
IN HIS CLEARNESS
INCENSE
IN SIGHT OF ISRAEL
JASPER
JEALOUS GOD
KEEP MY COMMANDMENTS
KEEP SABBATH HOLY
LACE OF BLUE
LAMPS
LAVER OF BRASS
LEST WE DIE
LET NOT GOD
LOOPS OF BLUE
LORD BLESSED SABBATH
MAKE US gods
MARVELS
MEMORIAL
MERCY SEAT
MERCY UNTO THOUSANDS
MIDST OF CLOUD
MITRE
MOSES FACE SHONE
WITH MY HAND

PUZZLE #20: THE TEN COMMANDMENTS PART I

```
S E S I M O R P H T I W T N E M D N A M M O C A R M P E E A
G D E N K A G A I N S T T H Y P E O P L E K A T A R T E R M
N O N S L N K L A V E R O F B R A S S W C D O R B A C K I E
I N D A I X S E O N P Y T I U Q I N I G N I V I G R O F H
D E M S S N P R U R O D T N I V A G R E D E I T A F X E G T
A P R I F U G E R S Y E S R A N V T A D L N R A T V E L N E
S E A P S A O C U E G O G P A C K D E S A U T H W I U C I M
D Y C I J E C H I L X O F R O P O A L I O T E A R E L A R U
L I I R E S A E T I B O D G E O K F E C D T N L I O B N U S
T O A E A L I R N O U F R S O B L C T O E E F N E F R O N
I U H M L E V U B O T A O E T D A Y A S O V W A C Z O E V O
T A A O R E B R K T N M S A L N H T B E S I T E R E B E C
S N W E U N A I O S P S U Q P P H I Z F D O T U S Y C A D I
U I T M S T D M R A E N E Y K O M E A R I S H P A E A T E S
T D Y E G I W S E T R A L E C O O H S T R F M D R A L D C E
P T L S O E S F F E S O H L N R I L C I A P Y O C N A E L I
H F L W D N R O P A H Y I Y E A E H O L C B H I E B U T O R
E I E H A S E T S L R F H R S I G M E M O T A E B H E N U E
L R K O E K L N I L T S I T E D A C K O F U N Y I D C I D H
K E E P M Y C O M M A N D M E N T S T N E M D N A M M O C T
M O E N O H S E C A F S E S O M E R A L O G C O T A C N O O
E N P G T N A I O N O I T E T S A X S O N E R W F A H A V M
N T S O K S C T N N E M B E N I S E T I N E T S O L G F E D
H A A A N V Q E S E E G O G U E H A R S P G L Y R A O M R N
E B B T O E A U E R C A D M O L A E E S R G B D T S E R E A
B E B S U E U R C O M O S I M L F D A A U O R E W R I T D R
D R A H T D E Y R F N T M B N F D J U V C S S A A T H C M E
L N T A S C S H A W C P H E O A S E C O E G Y L C O A N O H
O A H I F E U Q T O O H U T P D I S N A L N D I Y I O T U T
G C H R A T E N E R S S N N U R Y L E C R C A M A R O H N A
E L O T O A N M N K E R K V E S O O H N A B F N O E E U T F
R E L K B N E E N I U V Y R D K E V F T R L U O D R F B S R
U T Y S A M K D M B N T O D O O A R E H R A F N T E L T C U
P S O E O E L Z L E H G E C B W G T I Y E A E D C S A E R O
F I N R E R E A S G N S W H A O S T D F O A E L S L D R A N
O S I B I A U V I T E O C O Y N D U O U N U V F C A E I T O
S A R E T N A N T S O R T S R O S L O N O I H E O S H A M H
L W E H I T Y D A N D F E A O K Y A V I T L T O N R I R T S
L E H T A B B A S D E S S E L B D R O L R E C N T R A H E A
E R N O L E A R S I F O T H G I S N I N F U L T R E O T N M
B O O F L O U I R S F E A R B E F O R E F A C E S U T S L I
C U R I O U S G I R D L E O F E P H O D R C H A R A B I M A
```

PUZZLE #21 THE TEN COMMANDMENTS PART 2

FIND THE WORDS AND PHRASES IN THE PUZZLE.

ALTAR OF GOLD
MOUNTAIN SMOKING
MYRRH
NEITHER GODS OF GOLD
NO GODS OF SILVER
NOT BY STEPS
NOT HEWN STONE
NOT MAKE GRAVEN IMAGES
NOT TAKE NAME OF
GOD IN VAIN
OFFERING
ONYX
OUCHES OF GOLD
PARDON OUR INIQUITY
PAVED WORK
PERPETUAL STATUTE
POMEGRANATES OF BLUE
PURE GOLD
PURPLE
RAMS SKINS
RANSOM FOR HIS SOUL
REPENT OF EVIL
RINGS OF GOLD
ROBE OF EPHOD
SACRIFICE
SAPPHIRE
SARDIUS
SCARLET
SERVICE OF SANCTUARY
SET IN GOLD
SEVENTH DAY
SHALT NOT COVET
SHALT NOT STEAL
SHEKELS
SHITTIM WOOD
SIGHT OF GLORY
SILVER SOCKET
SIN NOT

SIN OFFERING
SO GREAT A SIN
SPRINKLE BLOOD ON ALTAR
STAVES
STIFF NECKED
SUFFICIENT FOR WORK
SWEET INCENSE
TABERNACLE OF THE
CONGREGATION
TABLES OF STONE
TACHES OF BRASS
TACHES OF GOLD
TEACH THEM
TEN CURTAINS
TENONS
TERRIBLE THING
TESTIMONY
THUNDERINGS AND
LIGHTENINGS
THICK DARKNESS
THOU SHALT HAVE
NO OTHER GODS
BEFORE ME
THOU SHALT NOT BEAR
FALSE WITNESS
THOU SHALT NOT KILL
TOPAZ
TRANSGRESSION
TURN FROM FIERCE WRATH
TWELVE TRIBES
TWO TABLES OF STONE
VAILS
WAVE OFFERING
WINGS COVER MERCY SEAT
WISDOM OF HEART
WORK OF THE LORD
WOVEN WORK
WRATH WAX HOT

```
T Y E M A R I Z A B A N Y T I U Q I N I R U O N O D R A P S
H R Q O S I A W C S U L U O S S I H R O F M O S N A R C T N
O O A U T P L M O E V I L S N I A T R U C N E T Y A I A O T
U L T N O R U Y S V E L T T I A R P A E V A R T X E V T A N
S G H T S Q O R A S E A I L S T E R P D I N E O L E B C I S
H F U A A G F R P A K N C V E N U S L H E A D S S Y H A I E
A O N I P E R H F L R I W E M O F O M T I L T N S E V N Y R
L T D N H O O E Y M E W N O E N G F E R O R I T S N O L S V
T H E S I N F T S O S N A S R F E H A G N S E O I F N W G I
N G R M E T O F T S E K L E O K I G N T A P F D F M E S E C
O I I O T N K B E M I Y C R F S E I H T S G O E E L U R E
T S N K N U I D T R Q O A F E L T V A R O G R H T W Y F E O
B H G I T P S G E R I T N W B E A E T L F I T I E H S F N F
E E S N E S N O N E L N R I S P R T D O N H N A N V E I O S
A K A G R W A N P A B E G A D G T O E G C C R E A C M C T A
R E N D R O L E H T F O K R O W I M S A E H D I Y W O I S N
F L D T I H U I G S A B Y S G R A H E N R I L A S H R E F C
A S L O B R L Y L R H T A E R N Y T S A N S A C E B N O T
L L I H L A Z E S T I F F N E C K E D H B E A V W I E T S U
S O G X E T A E P E X E M K H A W R I K S R R E R N U F E A
E R H A T L T H O U S H A L T N O T K I L L A T O T L O L R
W T T W H A T C E S E T R A O M A S N E B E E T D A B R B Y
I A E H I N S H I T T I M W O O D G T E R V A S L C F W A H
T E N T N O Y E T O W A D O N T E O O T L F O H O H O O T T
N S I A G D A E N O T M A K E G R A V E N I M A G E S R I A
E Y N R T O D L N O M L O R V E Y E W N O M R U F S E K D R
S C G W E O H D N I E N A W A W N T A O R O Q M O O T D L W
S R S A K L T R E X R L A E H O I R E N U A P I S F A O O E
A E T E C B N Y A S E V S N T T U S I S Z T O G E B N H G C
C M R K O E E T H R E I O S L S E R D N T N F F H R A P F R
O R A I S L V I L O X G N K A I T V L O G I W E C A R E O E
U E F S R K E L F D O W S E H B E O O I M S M S U S G F S I
R V G F E N S F A D E O T V S T R K N C V O O O O S E O D F
A O E O V I E Y S H D F A A U A S I R T T E F F N I M E O M
N C I D L R S O T L A O R E O N C K M O L O F H G Y O B G O
T S R E I P F O O T E D S L H O F R B I W A N O E O P O R R
A G E N S S N G H L I N F Y T E R O I S L D H T T A L R E F
P N G O I R E B I U L R O S I C V B L F I C E S L N R D H N
R I E L C R I T S E S S E N K R A D K C I H T V T A E T T R
E W V R U E N O T S F O S E L B A T O W T C K E A S H P I U
P E R P E T U A L S T A T U T E Y L E A R C E N E P A S E T
R T A B E R N A C L E O F T H E C O N G R E G A T I O N N R
```

These are the commandments, which the lord commanded Moses for the children of Israel in Mount Sinai. (Leviticus 27:34)

PUZZLE#22 JUDGES PART 1

FIND THE WORDS AND PHRASES FROM THE OT BOOK OF JUDGES.

ABDON
ABUSED CONCUBINE
ADONIBEZEK
AIJALON
ANGEL ASCENDED IN
FLAME OF ALTAR
ANGEL CAME AGAIN
ANGEL OF THE LORD
ANGELS REBUKE AT BOCHIM
ANGER KINDLED
BAALIM
BANDS LOOSED
BARAK
BEGIN TO DELIVER ISRAEL
BETHLEHEM
BLESS THE LORD
BREAK WITHS
BURNT DAUGHTER
BURNT FATHER
BURNT UP CORN
BURNT WITH FIRE
CAKE OF BARLEY BREAD
CANAANITES
CHARIOTS OF IRON
CONSIDER IT
CORDS BECAME AS FLAX
CRUELTY DONE
CURSED ABIMELECH
CUT OFF GREAT TOES
CUT OFF THUMBS
DAGGER INTO BELLY
DAUGHTER OF PHILISTINES
DIRT CAME OUT
DIVIDED CONCUBINE
DRINK NOT WINE
EAT NO UNCLEAN THING
EHUD

ELON
ENHAKKORE
ENTICE HIM
EPHOD FROM EARRINGS
ETAM
FAT CLOSED ON BLADE
FETTERS OF BRASS
FORSOOK THE LORD GOD
FOUR HUNDRED
THOUSAND FOOTMEN
GATES OF GAZA
GIBEAH
GODS SOUL GRIEVED
GREAT SLAUGHTER
GREAT STRENGTH
HEBRON
THREE SCORE AND TEN SONS
THROW DOWN ALTARS
TIMNATH
TO BIND SAMSON
VIRGIN
WEAVEST WITH WEB
YOUNG LION
ZEBULUNITE

```
C H I Z I D L E K M I H C O B T A D E K U B E R S L E G N A
E A T N O U N C L E A N T H I N G M K E A S N O F N E G N B
B R K E A D F R O E R I F H T I W T N R U B L I O W O G U S
Q U N E D F E N I W T O N K N I R D A S D O M I I D E R N S
W S R G O R O L N T H E F O C O R K C U S I L X S L N E A B
E I H N C F N C U O B I N T O C H O R E L G F S O T R A S M
N R E S T E B L A P L A P S R E N E S A N T O F F W N T I U
E L O T O U G A R V I E H U D T E R A U E U T A S E T S E H
S V A K E U P T R E S V A N S O R B O H L H T M A A T L E T
R I W A K E N C E L A N P U B E D Y T G E H E A V V E A O F
T G H A Z A G F O S E T A G E T N R R L E O F Y R E T U E F
F B E N I C H E V R G Y A L C E T E O R A B I N A S Q G H O
O N T U R J O N A M N A B I A L I R E L V E A E R T U H A T
T S I Q O Y A Y E U O A D R M V D M I R E T C L M W E T R U
S E N I T S I L I H T F O R E T H G U A D H R A P I N E M C
E H U N E S G H O T S A N D A A K N O H K L T W T T A R H N
B S L R T E V A E N R C E C S I D E H M L E Y S H H M E S E
U T U A L S E O T T A E R G F F O T U C E H Z T S W E N N M
R R B E T H R O W D O W N A L T A R S E V E T E H E G O O T
N E E D E L D N I K R E G N A L I D E S T M E N B B L N S O
T N Z C Y O E I K O P R A E X T R E M A L I N D E I A B N O
D G N L L I S G N I R R A E M O R F D O H P E T R S N L E F
A N G E L A S C E N D E D I N F L A M E O F A L T A R O T D
U T E A E T R E V O L D S D O T W C R G Y L R E V R A W D N
G E O R B L Y A R E Y U O I F D I R R E I W S N A H T E N A
H N E S O N I H T L V O D R E F A C F U Y B A D B U N I A S
T I H I T Y E A S I R U S T R D E D E A E L E T O I D R E U
E B C R N E S E R H T L A C N G A T I H T L N A B H T W R O
R U E E I T H G I C T C H A R V E L T O I D T U H S S I O H
R C L V R R I C R A V A E M C I R G B E N M C Y A P E S C T
O N E I E N N M L E R B A E N O N I T N R N A O D H T U S D
F O M L G F E D N I R U S O D E N O M R O S C N T O I W E E
L C I E G M R A O A S H L U R D R O B C A D O C I L N Y E R
I D B D A Y D T R E T I B T S F N S D U R R E F R C A E R D
T E A O D P S L H I C H S A G F O E A C B Y A S B E A S H N
R S D T R O E N W H I T M N H N D K R E C H F I O R N R T U
G U E N F L T K E Z A S I R N I Y C H R A E D O R L A C U H
I B S I F O A H A E O P E O V P L T I R E D I S N O C S F R
V A R G R E T S R N R I N I A G A E M A C L E G N A E T S U
I O U E R A N G E B A N D S L O O S E D U R P E L W N D A O
N A C B I G H T L E S A R D O G D R O L E H T K O O S R O F
```

And it was so, that all that saw it said, there was no such deed done nor seen from the day that the children of Israel came up out of the land of Egypt unto this day: consider of it, take advice, and speak your minds. (Judges 19:30)

PUZZLE #23 JUDGES PART 2

The words and phrases below can be found in the book of Judges. Find them in the puzzle.

HOST OF MIDIAN
IBZAN
IDOLATRY
INGRATITUDE
JAWBONE OF ASS
JEPHTHAHS DAUGHTER
JERUBBAAL
JUDAH
JUDGED ISRAEL
KING JABIN
LAISH
LEVITE
LIFTED VOICE AND WEPT
LOCKED DOORS
LORD BLESSED SAMSON
LORD CLAVE HOLLOW
LORD WITH GIDEON
LOVED DELILAH
MANOAH INTREATED GOD
MANOAHS WIFE
MICAHS IDOLATRY
MIDIANITES OPPRESS
MOCKED THREE TIMES
MY NAME IS SECRET
NAZARITE FROM WOMB
NEW ROPES
NO LEAGUE WITH
INHABITANTS
NOR STRONG DRINK
ONE HUNDRED TWENTY
THOUSAND FELL
ONE THOUSAND SEVEN
HUNDRED SHEKELS
PERIZZITES
PHILISTINES HAD DOMINION
PIRATHONITE

PLEASED SAMSON WELL
PLOWED WITH MY HEIFER
PRAISE THE LORD
PREVAIL AGAINST HIM
PROPHETESS DEBORAH
PROVE ISRAEL
PROVOKED LORD TO ANGER
PUT OUT HIS EYES
RAMATHLEHI
REVIVED
RIDDLE
SERVED FORTY YEARS
SEVEN LOCKS
SHAVE FROM HEAD
SIMEON
SLEW A THOUSAND MEN
SNARE
SONG OF THANKSGIVING
SOUL VEXED
THEIR GODS A SNARE
THIRTY DAUGHTERS
THIRTY SONS
THORNS IN YOUR SIDES
THREE HUNDRED MEN
THREE THOUSAND
WATER FROM JAW

PUZZLE #23 JUDGES PART 2

```
O H A D U J M I D I A N I T E S O P P R E S S E M N A R E T
U N Y S U S I M D A D S M I H T S N I A G A L I A V E R P A
N G E D C E R O T S W A J M O R F R E T A W R S O S T E R E
R O A H T S L E K F O R H E T U O L S J U T S L A N W G O D
T H I I U A E C U I R M E A T S Y S A G I N L E L D I P W G
A H V N T N O R S T R O N G D R I N K E A B A W N U R E O N
T E I R I L D E A O T H A W I M S A R F L E C A D O G S N I
L H Y R N M P R A I S E T H E L O R D A F K E T P E T A I V
P S E E T A O J E I T S B O U H G E T I L C A H N E T R E I
T I V I C Y U D A D S Y N W H E I N W M I D E O D U B M L G
Y E R T R T D L D C T I M P U R T S R O E T S U U C R O N S
S P O A S G C A R A E W E L D O H E V N E O T S B L C C N K
O L U O T L O L U E H N E O L A G D E S G I N A H K O K E N
S T E T E H Y D I G T S U N O E E L S D T A I N E T S E M A
H T F K T P O T S I H W E N T T W D E A R C E D P T E D D H
A S N I E S R N N A D T A N F Y E N R L U V D M E O C T E T
V O S A K H A E I O S M E I I B T G O E N O R E R C K H R F
E T M A T C S L F T S N L R O T N H M S O F G N I K U R D O
F E I P F I R D Y I E M A R S I S B O R M T S O Z E L E N G
R H S T R O B I E N E G A R I B A I S U H A O D Z I A E U N
O C H E D L E A S R L H T S E D B S L E S G S E I L R T H O
M L N S O N L N H H D I Y O D Z E N I O A V D T A B I E S
H E O I G E R A O N T N C M A E P L P O H E N O E P U M E M
E A E V D L N E S B I C U N H G S R E Y S P M D S S S E R E
A R D R E N O A T H W H O H E T O S O R T N S E F S A S H A
D E I O T D A A Z S D A T R N V I S E V R F O L V E T E T R
J T G J A N D S F A M O J I O E T W E L E D E S S M L O L E
U H H H E E E U I R A T K W Y V R D Y B I E R Y H T L A P
D G T C R R I W L O W I E S E S L O E D S X W T E A R W
G U I A T D U F R I H D T U R N U N S F W S R R E S R U O E
L A W I N E R B W O L T O E T C A G O D S O I O A V D I N L
D D D N I O D E B O P A E O F I E R A U N I L H L E L W H S
I S R O H U N S R A G E H E D R R S E E T A S P T A L U I T
S H O C A U E D A S A H S I R A O A S V L A S S E U G N O H
R A L K O S T A W Y R L M S A H E M R I I O N U K N O T B S
A H R S N O K E I O U F T E D U T E W E V N E O R D T Y E
E T I T A C W O L L O H E V A L C D R O L M E S T H E N U A
L H E N M I P Y R T A L O D I S H A C I M O A D V E T R I P
E P G T H O R N S I N Y O U R S I D E S O B A N G T D E O K
S E R V E D F O R T Y Y E A R S H A T O T N W E Y N O H N I
R J A B I R H N I B A J G N I K Y W I H E L H T A M A R G O
```

THEN ALL THE CHILDREN OF ISRAEL, AND ALL THE PEOPLE, WENT UP, AND CAME UNTO THE HOUSE OF GOD, AND WEPT, AND SAT THERE BEFORE THE LORD, AND FASTED THAT DAY UNTIL EVEN, AND OFFERED BURNT OFFERINGS AND PEACE OFFERINGS BEFORE THE LORD. (JUDGES 20:26)

PUZZLE #24 RUTH

THE WORDS AND PHRASES BELOW DESCRIBE RUTH'S JOURNEY,
FIND THEM IN THE PUZZLE.

ALL THOU SAYEST
ALMIGHTY AFFLICTED ME
BEGINNING OF
BARLEY HARVEST
BETHLEHEM-JUDAH
BLESSED OF THE LORD
BOAZ
CHILION
DAUGHTERS IN LAW
DIED IN MOAB
EAT OF THE BREAD
ELIMELECH
EPHAH OF BARLEY
EPHRATAH
FAMINE
FINISHED THIS DAY
GAVE SHOE TO NEIGHBOR
GLEANS FIELDS
GRIEVETH ME MUCH
HAND OF THE LORD
I AM A STRANGER
I AM RUTH
I WILL GO
INREAT ME NOT TO
LEAVE THEE
JESSE BEGAT DAVID
KINSMAN
KINDNESS TO THE LIVING
KISSED AND WEPT
LORD DEALT BITTERLY
MIGHTY MAN OF WEALTH
MOABITISH DAMSEL
NAME NOT CUT OFF
NAOMI
OBED FATHER OF JESSE
ORPAH

PHAREZ
PURCHASED FOR WIFE
RETURN FROM FOLLOWING
AFTER THEE
RETURN FROM MOAB
RETURN TO JUDAH
RUTH
RUTH CLAVE UNTO HER
SERVANT OVER REAPERS
SIT STILL
SIX MEASURES OF BARLEY
TESTIFIED AGAINST ME
UNCOVER HIS FEET
VIRTUOUS WOMAN
WHITHER THOU GOEST
WITNESSES
WOULD YE TARRY
YE MAY FIND REST

PUZZLE #24 RUTH

```
Y D A U G H T E R S I N L A W N A L I S T E R H G U D K A R
T E A R E A T S E V R A H Y E L R A B F O G N I N N I G E B
E W M S E H Y O T N U G I T E E F S I H R E V O C N U T H G
S F O A N T O E S A D N D Z N A B N O B E M A H D J U E T A
T D I U Y O U L L I Z Y N T E W T S D M I R I N A R L S O V
I O L W L F I R P R N U H A T A R H P E Z L E K N I E D Y E
F A F E R D I S N H A O Y K C E H A K C I S L F K O E L M S
I N G Y I O Y N O T A B U R P A T T I O S U R T G A R D E H
E A T N E F F E D S O R F A A V R E N T F O L U S E E R F O
D P M A R O S D T R Y J E O R O U N O D M I O H T T F O W E
A O H R Y E A N E A E R U Z S H E T U F P H I T C F N I H T
G T I A U B U D A S R S E D R E H C O L T F I I O R T Y T O
A F G I H T E N S E A R T H A E R L O R D B L T A N S I L N
I O H E C O H A V I L H Y O L H L U E B T F U R E I O L A E
N T T H E A F O T E R G C I L O T H S L F C E S T U A L E I
S D E W E I T B W A S B V R W B T Y A A T O S U R B E L W G
T E N A M N E T A B R I O I U I E E Y O E E T O M I A E F H
M E S Y A W O U L R N O N A W P D T N A S M M N O R T S O B
E H A V E N T S E G L G E N Z D H E H T G O X R L Y O M N O
G T R E N D E A T R A E S A R G M A I L S I A I L W Y A A R
O E T O T H Y I M F E R Y O I A B A D P E R E A S E S D M E
S V O I E C C K T R E A L M N C T E R S T H S I P H A H Y H
F A T R E H T E A D U I L I K S E R S T A I E H S I R S T O
I E A F E K R I L O N A G V I R T U O U S W O M A N S I H T
N L N O I T I N G E F O U R G E O S E H A S R Y J O C T G N
I O J Y H A U S V E M H T A I B T O I D E D L I K U H I I U
S T R E I A W R S A N I N L E E V E Y R U O B I T Y D B M E
H T E P S I N I N E R A L D R O V A I O T N E M R M I A A V
E O R I A S E D A F D I F E I N T E R L Y M T H A L R O H A
D N I T O H E D O Y R A V E R P H E T E R E T Y F A O M L L
T E R A C E F B U F T O N I N A D P A H G A R K I N E L E C
H M A C H I C K E H T T M D R E I D O T M N O O L G T O G H
I T U R Y S I E E G P H E M W T I L A F R E A S I H O D O T
S A B I T N V R A W A N E N O E R O F O N L M R O T B A W U
D E N H S E O L N I O T E L D A P E R D R A L U T A M N O R
A R E M A F D A B E W T D I O H B T C E R F S I C S E T E L
Y T A I J L A N I B A I N A N R E R A S M A A N T H A H W L
A N G E O Y T O V E C M L E V O D E H S Y T R M A S H M Y E
R I S N I L R A E D O L O L C I S T M E P E T A I A T T A N
L S I S Y A N T R A T I O N G A D E S L U R I F D N T I U I
E A T O F T H E B R E A D E R O I T A B S C E A H A E A S R
```

AND RUTH SAID, ENTREAT ME NOT TO LEAVE THEE, OR TO RETURN FROM FOLLOWING AFTER THEE: FOR WHITER THOU GOEST, I WILL GO; AND WHERE THOU LODGEST, I WILL LODGE: THY PEOPLE SHALL BE MY PEOPLE, AND THY GOD MY GOD: (RUTH 1:16)

PUZZLE #25 SAMUEL

The words below describe the life of Samuel. Find them in the puzzle.

ACTIONS ARE WEIGHED
ANOINT SAUL
ASHDOD
BECAME JUDGE
BETHSHEMITES SMITTEN
BITTERNESS OF SOUL
BOWS OF MIGHTY BROKEN
CALL TO REPENT
CHILD DID MINISTER
CITIES RESTORED
DAGON FALLS DOWN
DEADLY DESTRUCTION
DEDICATED TO THE LORD
EARS SHALL TINGLE
EBENEZER
ELI THE PRIEST
ELIS SONS VILE
ELKANAH
EMERODS
EXALTED IN LORD
FIVE GOLDEN EMERODS
FIVE GOLDEN MICE
GIRDED WITH STRENGTH
GLORY TO GOD
GLORY DEPARTED FROM ISRAEL
GO IN PEACE
GOD GRANT THY PETITION
GOD OF KNOWLEDGE
GOD REVEALS
GODLY MOTHER
HANNAH BARE SAMUEL
HERE AM I
ICHABOD
IDOLATRY
LENT TO THE LORD
LITTLE COAT
LOOKED INTO THE ARK
LORD CALLED SAMUEL
LORD GAVE PETITION
LORD GAVE SPECIAL REVELATIONS
MAKE US A KING

NEITHER WINE
NEW CART
NO RAZOR
NO WORDS FALL TO GROUND
NONE BESIDE THEE
NONE HOLY AS THE LORD
NOR STRONG DRINK
NOT ARROGANCY
OFFERS SACRIFICE
PENINNAH
PHILISTINES TAKE
THE ARK OF GOD
PLAGUES
PORTIONS
PROPHET
RAMAH
REPENT AT MIZPEH
SAMUEL
SAMUEL PRAYS
SEER
SHILOH
SHUT UP WOMB
SORROWFUL OF SPIRIT
SPEAK LORD
STONE OF ABEL
STUMBLED
THEY HAVE FORSAKEN ME
UPRIGHT JUDGE
VOWED A VOW
WEPT SORE
WOE UNTO US
WONDERFUL CALL
WORD PRECIOUS
WORD REVEALED

PUZZLE #25 SAMUEL

```
N O W O R D S F A L L T O G R O U N D G N I K A S U E K A M
K E B O W S O F M I G H T Y B R O K E N O F L N E A W N I D
R A W I R S H E D G O D G R A N T T H Y P E T I T I O N E N
A R H C E D I H S K C O S J E S A M U E L Y M O N I R O L A
E S R E A L P L A S N P E B R I T T A I C N A W N O D R S N
H S N E D R E R E M E W E M C N R E S C A O S T U C R A C O
T H O E T O T I E A H S G A N E A S W E P T S O R E E Z T I
O A R F Y S L A K C I N L I K E O R H S F A W E L A V O O T
T L S I F T I L O D I L O O R N K T P I U M I N G L E R A C
N L T L A E O N E C T O E N S D Y A V L E O T S Y Z A N S U
I T R O E R R T I O E H U V Y L E E S T A R D E R L L S O R
D I O I D U H S R M A L I S T E G D I R W G L A L T E O P T
E N N E M E M E S W D L T G F O A R W R O E U A D O D H A S
K G G E E A P A V A E I O T L I I S F I A F C E L M I O G E
O L D E X E L O S K C D D D I P V Y E R T L E O S L H O M D
O E R U N A W R L E O R E D S L I E S L U H U V I T I W E Y
L G I T J E L H E F R N I F L E H I G F I M S S A N E I N L
A E N S D E A T K H E A O F S I M D R O G T T T P H E T A D
G I K A R N M N E M O L B V I O H E A E L I H E R A Y I M A
R E V E N D O A E D U A G H R C D C T H N D A E M E S E N E
G O M I N W I R C F I Y O F A N E L B E A C E N P E N K H D
W I N D L C O S W E O N D D O N E T S P E D B N I R O G W T
A E R E H D R O K E B E L W R N N T E Z D A T E M T I L T E
P O D A S O R W A C T H Y O T O A A L I P O L F L I N E I H
N G B O N R E M O R G I M T R K L O H M U E G S I G C N S E
E O N K O H E R A H S W O N E D G E R T A D T O A S L E H T
D D L S N W L P E A C T T T E I N D H A E R M I T O K C E L
E R U N I D E U K D H E H O H P O E R T E H O A D Y R E S T
A E O P O D S H R E V E E S D A I R M N S A P I N E R T D O
R V S O Y A G E L Y A E R S E L T O M E S A B O K L O O E M
I E F R E G H O A R T A H O H S I T O P R A Y E R N C R L I
D A O T M A R I K E J U A N G S T S I E T O R L E P A V B G
A L S I O D P O R P T H E N I Y E E T R S N D O O A H A M Y
G S S O G E F F T U E L Y S E A P R D Y A R F S F H G C U T
O M E N I G N I P H A R I S W R E S E T O A L D E N E E T H
N I N S O I E W S A T Y F I E P V E A C B I O T N E S N S I
F A R D S N O I T A L E V E R L A I C E P S E V A G D R O L
A T E E G M O N L O S I S T A E G T L E N H O R T E L V A N
L O T A B E D O I U N O M A S U D I U S H I L O H R E P H O
L R T N E D D Y O T A T T I N M R C H U S K W E R A U A V E
S E I M Y I S T L E F N D N O A O N P A I G E R I M N T U R
D Z B E C A N M E A T O O K I S L O R E H O D B E A B A Y D
O E E G D U J T H G I R P U T E H S O T N D A C K H Y N O E
W N R L E U M A S D E L L A C D R O L V A R E L C E T D T A
N E G O A N Y C N A G O R R A T O N D E S P E C A O H I S T
A B W G A L T O Z E R N E T T I M S S E T I M E H S H T E B
D E D I C A T E D T O T H E L O R D O K C T R I A N V O L N
```

AND SAMUEL DIED; AND ALL THE ISRAELITES WERE GATHERED TOGETHER, AND LAMENTED HIM, AND BURIED HIM IN HIS HOUSE. (1SAM. 25:1)

PUZZLE #26 SAUL (PART 1)

THE WORDS AND PHRASES BELOW DESCRIBE A BIT OF SAUL'S JOURNEY. THEY CAN BE FOUND IN THE PUZZLE.

ABIATHAR ESCAPED
AFRAID OF DAVID
AMALEK LAID WAIT
ANGER KINDLED
ANOINTED BY SAMUEL
ANOINTED KING
ANOTHER HEART
BATTLE IN ARRAY
BATTLE OF ELAH
BATTLE SORE AGAINST
BECAME DAVIDS ENEMY
BEHEADED
BETTER THAN THOU
BRING ME UP SAMUEL
BRING THE ARK OF GOD
BURNT OFFERINGS
CALLED PRIESTS IN NOB
CHILDREN OF BELIAL
CHOOSE A MAN
COMPANY OF PROPHETS
CUNNING HARP PLAYER
CURSED BE THE MAN
DAVID ESCAPED
DAVID PLAYED HARP
DEEP SLEEP FROM LORD
DESIRED NO DOWRY
DESTROY ALL THEY HAVE
DISGUISED HIMSELF
DISQUIETED SAMUEL
DIVINE TERROR
DOEG ANSWERED
DONE FOOLISHLY
ENGEDI CAVE
EVIL SPIRIT DEPARTED
EVIL SPIRIT TROUBLED SAUL
EYED DAVID
FALL UPON PRIESTS
FAMILIAR SPIRIT

FEAR THE LORD
FORBARE TO GO FORTH
FORSOOK CITIES
GARRISON
GIBEAH
GILGA
GOLIATH PRESENTED
HIMSELF FORTY DAYS
GOLIATHS BOAST OF SERVITUDE
GREAT NAMES SAKE
GREAT THING
GREAT THINGS HE HATH DONE
HARP
HEAD OF TRIBES
HEARKEN UNTO LORD
HID HIMSELF
HONEY UPON GROUND
JAVELIN IN HAND
KENITES DEPARTED
KILL DAVID
KINGDOM SHALL
NOT CONTINUE
LORD REMEMBERED AMALEK
LORDS SPIRIT DEPARTED SAUL
MADE SAUL KING
MANNER OF KINGDOM
MAY BE AVENGED
MEN FLED GOLIATH
MEN OF JABESH
MESSENGERS PROPHESIED
MICHAL DECEIVED SAUL
MICHMASH
NO WICKEDNESS
SLAIN THOUSANDS
WICKED CONSUMED

PUZZLE #26 SAUL PART 1

```
C H A Z A R B R I N G M E U P S A M U E L O F H E T R H H E
H U E B F G R E A T T H I N G S H E H A T H D O N E O E U V
A O N R E N D C O M P A N Y O F P R O P H E T S N A N Q I
L H G N A V R E N A M A E S O O H C A T H C M O E D I U E L
L T E N I F Y I O U M C A F N I R O S B Y O N Y O T A M O S
O N D I D N I S G I B E A H E D R A M E D R U F N E H D T P
R A I S O D G E T U V S D O P A B D U G C P T O I O R A K I
D H C T F O D H E R Z A N A R E V O N B O R C C L O O E N R
R T A S D G E P A G I A N O V R E I T N I T Y A L T N Y G I
E R V E A F E O N R E P A R T I K A G B O N I O I I A N D T
M E E I V O P R I E P I R M Y F D R E N E L T A T R I E D T
E T H R I K S P C A L P E F O M O S L R E N W E R D T E S R
M T E P D R L S E S S M L R E U V L E B U D S A E R S L B O
B E R D O A R F O U R E A N T A E F N I D N D A T A A S U
E B A E R E E L C A N E D Y H E O E A E I E P R I T N Y B
R E N L M H P G E K N I R U S E N K L P E M E O N T A L A L
E F C L A T F N S A L E T M E E R K A L U D Y T L M U O D E
D O D A T G R E M B F L O E R A E R T S T A H E E A N P Y D
A E I C N N O S I E E D I D E L T T N I L O S H S W O R T S
M N S E C I M S H A G N L H A E A O R L U O T D I S H A R A
A E O I H R L E D N U I P M D B C I T S R E E M A T I H O U
L M N I R B O M I C H M A S H D P H A E B T S D E S D D F L
E A A O N E R K H C I F I R E S E N A D R E T E H E W E F O
K Y M K F T D A C S R E T K L Y D G E A E L D U R I A Y L R
C B E F O J E N V E P O C I H S A S P I E U T E C R L A E L
I E D D O E A D O T D I V A N I R E S U T O W I T P R L S D
B A I O D R C B K D W E V S N U D B M I L S A H A N O P M W
R V C S N A S R E I O E R S C T R A V O N O E B R O K D I I
I E H U I E V O N S N W T U I G S R U A B L I A E P B I H N
F N A E G A F I O C H G R R T D E O G A O A U P T U A V D I
O G E R M R O O D K A N I Y E S O E T R T N A H R L F A E F
R E R L U S E D O E C P I T F L O T D H A N I N D L I D T A
B D L I L Y B A F L S I E O E D L E A L L H T C E A S B N M
A I A A A M I V T S I I T U W E L R S O F O T S I F E O E I
R R N V T O S E D N U S M I O H E G A S F T M E M H H L S L
E O C E I N D R E Q A A H F E S O A M F E I S I E H N O E I
T G R N N D O O S O S M E L C S T R E A H N L A E T E A R A
O I R R O L E I B Y R L E A Y E D R L D D I D R O M G M P R
G L A E E D S B A A E P S N S I I E I K E H E G N I B H S
O G L R A T H D C H P E Z T S N E S V U D E S O K I M E T P
F A E U W T E E R A D C O U G A I O L A A D I A T C E R A I
O E R M A T T N A D P E R S I U K N E R D S N E U A I C I R
R O D I N Y E H I N M E O O G Y A E T W O L A T I L P W L I
T W L I M O C O I V U R D S I N E G E D M O L R E A K H O T
H O O R E D N A H N I N I L E V A J O S H I N I U H A I G N
G N Y G H T A I L O G D E L F N E M D E L D N I K R E G N A
A L U A S D E V I E C E D L A H C I M R O S P A P P I N E G
```

So Saul died, and his three sons, and his Armourbearer, and all his men, that same day together. (1 Sam. 31:6)

PUZZLE #27 SAUL PART 2

the words and phrases below complete our focus on the life of Saul. They can be found in the puzzle.

AMONG PROPHETS
EATETH ANY FOOD
MIGRON
MIZPEH
MULTITUDE MELTED AWAY
NOB, CITY OF PRIESTS
NONE TASTED ANY FOOD
NOT IMPUTE
OATH
OBEDIENCE BETTER
PARDON ME
PEOPLE FEARED LORD
PEOPLE FEARED OATH
PEOPLE SIN
PIPE
PLAIN OF TABOR
PRESENT YOURSELVES
BEFORE THE LORD
PRIESTS SLAIN
PSALTERY
PURSUED DAVID
REJECTED GOD
REJECTED WORD OF LORD
RENEW KINGDOM
SACRIFICES
SAMUEL CAME TO SAUL
SAUL ARMED DAVID
SAUL LAID WAIT
SAUL REFRESHED
SAUL REJECTED
SEE WHO IS GONE
SELAHAMMAHLEKOTH
SEND ME DAVID
SENT MESSENGERS
SERVE HIM IN TRUTH
SERVE THE LORD
SET A KING
SIGNS COME UNTO THEE
SKIRT OF ROBE CUT
SMITE AMALEK

SMITE DAVID TO WALL
SO FAITHFUL AS DAVID
SONS SLAIN
SOUGHT TO SMITE DAVID
SPARE THEM NOT
SPARED AGAG
SPIRIT OF THE LORD
SWARE TO JONATHAN
TARRY SEVEN DAYS
THOU SHALT DIE
TO LIE IN WAIT
TODAY, SALVATION IN ISRAEL
TOOK DAVID
TRUMPET
TURN YE NOT ASIDE
TURNED INTO ANOTHER MAN
TWO LOAVES
TWO MEN AT ZELZAH
VAIN THINGS
VERY GREAT DISCOMFITURE
VIAL OF OIL
WATCHMEN OF SAUL
WHAT MORE BUT KINGDOM
WILD GOATS
WILT THOU SLAY WITHOUT CAUSE
WITH ALL YOUR HEART
WITHDRAW THY HAND
WOUNDED OF ARCHERS
WROTH OVER SAYING
YE AND YOUR KING
YE SHALL HAVE HELP
ZIPHITES CAME TO SAUL

PUZZLE #27 SAUL PART 2

```
D E L A T C O S E L I R N E E H T O T N U E M O C S N G I S
O R F E B R D E H S E R F E R L U A S W I S F U L T S H K I
O F O R P O A P D R O L E H T E V R E S O A T H S W A I T S
F U N L P R S E R V E H I M I N T R U T H L Z A A Q R U R E
Y S S O F A I T H F U L A S D A V I D I N D O R O T O E M N
N P O P R O V E T R N E N R O T U D E H O C E A O G H E A R
A I H G A G D H S N U Y S I E C H B R O H T E F V C D M N S
D R E N S R I R G T P O H R J N A I F E O S R O R E R L T E
E I T I E X E M O I S A Y E E M E Y N J R O U A L E S E I H
T T V K V O A T E W Y S P L S J N W O M B E F O H O H E D W
S O E A E S T P H I D M L O L A E N K E T O S T E P T I E Z
A F A T D A E I C E H E I A H A A C C I D N O R O F V D A I
T T H E E P R U N M R T T I T H U T E N N A R I A S T O P
E H C S T A M O T G E N E C H N T T D E A G P J D P S L S H
N E N C N V U D I O R T O A E G F N I O D G D D A S A A D I
O L I A A O R F N F A O N T H J U R T W N G E O G A U H R T
N O O D V F T S T E N F I E S O E N E O Y U O G M L L S O E
E R R E R E D A O T S F K R W A I R M W S I E D R T A U L S
S D E O E R U T I F M O C S I D T A E R G Y R E V E R O E C
U O N O B C I T Y O F P R I E S T S U J E U J S U R M H H A
A E N Y M A R E U N B E A N S H O P R A T E O T W Y E T T M
C A I S E M T L R E R E R U M A T E O E C Y W A S L D O E E
T S H E S A I F T Z E U D S I H C I V T V G S U J O D E R T
U G E T E L N I O U T T N I T A I R E C O I R D E F A R O O
O O C E A S A D U N H A U S E G P D I O V N A G I A V L F S
H Y S S W O B I Y B I M W P A N A I I F E A Y L H O I E E A
T A H A S H D T N O N A H A M E C T V N I H O A O E D A B U
I W O L M T O E S L U U L P A I R E E A R C Z O I F R R S L
W A A L O U W I R Y G R A P L S T C B L T L E N O B O S E Y
Y D R T S P E I S A A E K Y E E O R E E O W S R E L I V M
A E S H L A N L T G E D O I K G H L N Z T A N E S A D N L O
L T H Y I N U S C H O F N S N S T E T O I T Y R A N E I E D
S L O S H G T L G A D N E E E G O A V T R E E N V E R N S G
U E A E T E S E L N M R E L V A N B R A D N O R H P A O R N
O M U W E M E S E A I K A R P E P I P N H A E N O E E I U I
H E G H O B W H M A I H T W M O S T Y A N L D I G O F T O K
T D E T A T E T A H A D T O T A E Y O A F T L O R P E A Y T
T U H C I P D O N M W E W N S H J P R O S E G A N L L V T U
L T E D Z U F I M L I T A A I A Y U Q R P R O E H E P L N B
I I V I D I A A V O T O H T I A U H D E A H E S U S O A E E
W T M V I A H P U A A R T E N T V L A R R T H V P I E S S R
H L E A N L E W F A D I S H P E A E G N E H A T O N P Y E O
E U N D E Q S R E G N E S S E M T N E S D I E R T H O A R M
N M S K T U R N Y E N O T A S I D E B O A S E T D A T D P T
E E O O V P A R D O N M E I P O R P C R G E P U T E N O V A
C T L O E R E D A W A T C H M E N O F S A U L H O V O T R H
H O E T H A D I V A D E T I M S O T T H G U O S E L A E I W
```

...And took the body of Saul and the bodies of his sons from the wall of Bethshan, and came to Jabesh and buried them under a tree, and fasted seven days. (1Sam. 31:13)

PUZZLE #28 JONATHAN

The words and phrases below describe Jonathan. Search for them in the puzzle.

AIJALON
ALL THAT IS IN THINE HEART
ATE NO MEAT
BROUGHT DAVID TO SAUL
COVENANT WITH DAVID
CURSED BE THE MAN
DAVID EARNESTLY ASKED LEAVE
DIPPED ROD IN HONEYCOMB
EARTH QUAKED
EYES ENLIGHTENED
FATHER DID SHAME
FIERCE ANGER
FIRST SLAUGHTER
GARRISON
GO IN PEACE
GOD DO SO AND MORE
GOD FORBID
GREAT SALVATION
GREAT TREMBLING
GRIEVED FOR DAVID
HONEY UPON GROUND
I DID TASTE HONEY
IF WELL, THEN PEACE
IF WROTH, EVIL DETERMINED
IN THE WOOD
INTO THE HAND OF ISRAEL
JONATHAN HEARD NOT
JONATHAN TAKEN
KISSED AND WEPT
LO, I MUST DIE
LORD BETWEEN US FOREVER
LORD HATH DELIVERED THEM
LOVED DAVID AS OWN SOUL
MADE COVENANT
MY FATHER KNOWETH
MY FATHER SEEKETH
TO KILL THEE
MY FATHER SHALL
NOT FIND THEE
NO RESTRAINT TO THE LORD
PEOPLE RESCUED JONATHAN

PHILISTINES SLEW
SAUL CAST JAVELIN AT HIM
SHEWED DAVID ALL
SHOOT THREE ARROWS
SHOW YOU A THING
SIN NOT AGAINST DAVID
SON OF SAUL
SOUL KNIT WITH DAVIDS
SPAKE GOOD OF DAVID
STAND STILL
TARRY TIL WE COME
TELL ME WHAT THOU HAST DONE
THOU SHALT SURELY DIE
TWENTY MEN
WENT TO DAVID
WHAT I SEE
WHATSOEVER THY
SOUL DESIRETH
WHEREFORE SHALL HE BE SLAIN
WITH HOUSE OF DAVID

PUZZLE #28 JONATHAN

```
S H O W Y O U A T H I N G E M A H S D I D R E H T A F T I H
O I A S A R R I N A G M R O N E M O C E W L I T Y R R A T O
U E N E E N E R O N E T O N D R A E H N A H T A N O J E A N
L E I N V A R G R E A T T R E M B L I N G W I H M H R M I E
K H M O O A R O N Y E O U W A N A T L U F E G E T I R O F Y
N T A S A T E T S A R S I C O D A R T A F O H E S E D N W U
I D T I V U A L H U E I N O E R U P S E R T W E M O R E E P
T N I R I R S G D Q R C E M C O E L D I D O D I O E N T L O
W I O R D A D T A E U L R P O W O Y B E N L H W E T T A L N
I F E A I R I A O I K A O E D E R A R K U T E C T A E N T G
T T B G V E N W I N N S K N I A S E R O A H B O S E L A H R
H O M S A A G E L S A S A E R F V E S N T O D A D T E H E O
D N O E D V E E U N D D T Y D I H Y I N W A H M E O L T N U
A L C N R I R H B O E A R D L T H L I H V M O W N H T A P N
V L Y I O N E T E S D L I E A T C A I E E B L I W E N E D
I A E T F D D Y S I A A D F R V S T D E B A E O M R I O A E
D H N S D I I I G R D H Y E A T I E N R K N R T R W N J C T
S S O I E N K P E R T M V J W S N D N E I D A H E A T D E L
T R H L V G Y E T A W E T E E I C T R M Y T B T V O E L I
R E N I E M E O H G O S N E G T O U S O A O H O E Y T U O H
A H I H I R A D O S A T I U O L U R O L R E I F D A H C O T
E T D P R O R P T C Y E N O H E T S A T D I D I L I E S N E
H A O H G O F A L M A S C T O A N E A E C R E I I L H E I D
E F R I L E H U E E L L A D I V A D D E W E H S V U A R G E
N Y D L I W A N R A S E R E D O D B N I E S A R E A N E O D
I M E L T S O E I L R F G O I N P E A C E T O M H S D L D R
H S P T G L R P U A I E Y R N R K T H I E N K A T O O P O O
T H P I H V U L N T L I V L E A M H A L U T O B O T F O D L
N A I P E O S O K O N S A E T Y O E L T E Y A H R D I E A E
I D D A R E U A S R M D E N R M R M O S V R D I W I S P Y H
S E I P M N T S W N I Y A B A O E A L O M E T S F V R U J T
I N V V H T R K H B W H N V E W F N D U S T F O I A A S E O
T E A E A I E E R A T O S O H H T S I U A R Y O U D E T R T
A T D A Z D L O T A L T S A I N L L U W J S A C I T L R O T
H H H E I O F I N H A T T A A T E L O N A N F A F H E I M N
T G T R L D O O S N G T S N D N A E A I E T E O I G F E D I
L I I N O A J E D T H U E U E I R V O H M E E T N U E T N A
L L W G P H C S I O I V A O R E V E L S S U W L T O R O A R
A N T A H O T K U R O N A L U E E A F A R E S T I R S D O T
X E N L A I U H T C E G E I S S L Y D A S A R T E B A E S S
I S A I L N A C E K I N E S D T A Y M D E T H O D B R O O E
M E N L E S O D H S I N D K S I S N D O E C A N F I D E D R
I Y E S T E A I T U N A R G A L O R M I H V A E R E E R D O
O E V D O M I R I P S E I R U P E S I O E M O N R A R R O N
S H O O T T H R E E A R R O W S S W O F I N G L A G I E G L
T N C E E H T L L I K O T H T E K E E S R E H T A F Y M H I
E N O L A J I A M E A N R E D I V A D F O E S U O H H T I W
```

And the philistines followed hard upon saul and upon his sons; and the philistines slew Jonathan…(1Sam. 31:2)

PUZZLE #29 DAVID PART 1

THE WORDS AND PHRASES BELOW DESCRIBE DAVID AND CAN BE FOUND IN THE PUZZLE.

ABIDE WITH ME
ABNER
ABODE IN WILDERNESS
ABSALOM FOR HIS BEAUTY
ABUNDANCE OF SPOILS
ACCEPTED ABIGAIL
ADONIJAH EXALTED HIMSELF
AFTER TWO YEARS
ALL LOVED DAVID
AN HUNDRED FORESKINS
ARMIES OF THE LIVING GOD
AVOIDED SAUL TWICE
BE COURAGEOUS
BE VALIANT
BECAME SAULS ARMOURBEARER
BEHAVED WISELY
BRING ABSALOM
BRETHREN AND FATHER
WENT DOWN TO HIM
BROUGHT UP ARK OF LORD
COVENANT WITH JONATHAN
CURSED DAVID
CUT OFF HIS HEAD
DAVID IN HOLD
DAVID PLAYED HARP
DAVIDS STAFF
DELIVERED NOT TO SAUL
DISCONTENTED
DOEG WOULD TELL
DOWN THROUGH WINDOW
ENQUIRED OF THE LORD
FATHER OF SOLOMON
FEIGNED HIMSELF MAD
FIVE SMOOTH STONES
GOD SAVE KING SOLOMON
GOLD WITH PRECIOUS STONES
HIDE THYSELF
I KNEW IT THAT DAY
IN THE NAME OF THE

LORD OF HOSTS
JOAB KILLED ABNER
JONATHANS SOUL KNIT
WITH DAVIDS
KING MIZPEH
LORD DELIVERED SAUL TO HIM
LORD LOVED SOLOMON
LORD MADE HIM CAPTAIN
LORD SMOTE NABAL
LORD WAS WITH HIM
LORDS PRIESTS SLAIN
MAKE A LEAGUE
MEPHIBOSHETH
MESS OF MEAT
MICHAL BARREN
MICHAL LOVED HIM
NABALS HEART BECAME AS STONE
NOB, CITY OF PRIESTS
OVER MEN OF WAR
PRIEST GAVE HALLOWED BREAD
PROPHET NATHAN
RAN TO MEET GOLIATH
SAUL LOVED HIM
SAUL SEEKS HIS LIFE
SIX SONS
SLING IN HAND
SMITE, KILL AMNON
SON IN LAW
SON OF JESSEE
SPEAR AND CRUSE
SPIRIT CAME ON
STONE SUNK INTO FOREHEAD
SYRIANS FLED
WAXED STRONGER
AND STRONGER
WHAT IS MY SIN
WIFE ABIGAIL
WILDERNESS

PUZZLE #29 DAVID PART 1

```
B R A I E L L E N T D O G G N I V I L E H T F O S E I M R A
D R D I E N F O E T N O M O L O S G N I K E V A S D O G B R
S A E A V O I D E D S A U L T W I C E R O I L E M E O F E
E U E T E W O D N I W H G U O R H T N W O D I L E N D L A R
R M O H H R A N T O M E E T G O L I A T H N I P O E E C S A
U E H E S R B L L E T D L U O W G E O D G V H M I S R O T E
H R E T G I E D A V I D S S T A F F R I E I O N M L O V S B
E E A S I A H N E L A V O R E L I O N R B L W I N I W E O R
D O P A S W R F A W I L N E V A R H E O O I H L O O A N H U
F I E Z P E E U F N O U T I O E A D S S L D R E N P X A F O
O E V R I B J D O O D L Y N R N N H F D E W R U M S E N O M
R Y I A O M D F I C T F L T D O E O E T A G A G A F D T D R
I A T G D E G H O B E U A A T T R R L K O T E A L O S W R A
C U S O N D O N E N A B C T H E N A T O D A C E L E T I O S
K L A D T E E C I D O J O M H E X K E I T O S L I C R T L L
D A K F I I D S U K L S O T S E V I A L L Y R A K N O H E U
N A C I T V U H R S A A A S H A R A D O H G U E E A N J H A
I E V C R E A C I U T F B A P W U W G T I N A K T D G O T S
S P R I E R R D L M C O J A B E B L E T H E T A I N E N F E
N Y E R D P M T H I S I N D N R A D L N S O O M M U R A O M
N A R S A P T I W T N E D E R E I R N O T E D H S B A T E A
E A H I V B L E H O I T L R S H T N A E V D I H F A N H M C
H C B T A I L A D O Y W E F O U M O G N S E O R S O D A A E
T A O A A N S A Y A T E T W M L N I M A D M D W P E S N N B
E R R E L N S O H E B L A I L A F K H S B C A H N H T I E V
S S F V O S T F I C D I U R N E D O I D D S R G I T R L H N
N T E S F O H E L F I H G A S K O N K N E R A U R M O L T E
I E X N I K O E H E R M A A S A L B D R T V O L S A N H N R
K I E A O C Y N A P D A T R I D U U E L A O O L O E G E I E
S S T N N T V G T R O N B N P L E L O H O P F L H M E T T M
E I A E I I S A T N T R T S I O P R S S A H U O L O R A S T
R N U D M A E S I S T B P F A A D O E E S V N T R A T K N R
O U Q W E N T E U A T L E J I L L I F V E N E I H E H L O A
F Y E U A E O P E O I S D C O V O S S N I K A D D G H C M K
D O A N I O L M A A I I E V A A E M S C I L S H W I U E I N
E R D D T R F R G C V C E I S M B S F T O S E H T I V O A M
R A S H T O E I A A M D E O R P E K M O S N Y D I A S A R D
D N L S S A B D D W S I T R N P I A I O R E T M D S N E D B
N I O S E A H D O O F N H G P N F R S L O H I E S R L O L R
U G E A E N E T L F A O S E H H A O I S L T I R N I O I J Y
H M R F B V R O T I T P N O D I T L Y T T E H S P T T L F D
N O I I O S M E L I D H O E N A N I P T C O D S B S E A O E
A W T L Y O O A D R W A E Y M I M E W H I A N A T E D D H L
E B L R N L V O I L R E A L T R N D I D Y C M E B O A R I W
K L N A N E R U Y A I O N L O M E L R O L N B E R N N U O L
A O R E B E V A E H T W I K N R E V A O S O H O O V E E T L
W A L O R D W A S W I T H H I M D R O W L I G A N N E R S Y
```

And David said unto him, thy blood be upon thy head; for thy mouth hath testified against thee, saying, I have slain the lords anointed. (2 Sam. 1:16:)

PUZZLE #30 DAVID PART 2

ADDITIONAL WORDS AND PHRASES FROM DAVIDS LIFE CAN BE FOUND IN THE FOLLOWING PUZZLE.

ABIATHAR SHEWED DAVID
ABISHAG CHERISHED DAVID
ABSALOM FLED
AMNON FORCED TAMAR
AMNON ONLY IS DEAD
BATHSHEBA MOURNED
BE IN SAFEGUARD
BLESSED THE PEOPLE
BURNT OFFERINGS
CAVES IN ENGEDI
CHILD DIED
DANCED WITH ALL HIS MIGHT
DAVID REIGNED FORTY YEARS
DAVIDS MULE
DELIVERED PHILISTINES TO DAVID
DISPLEASED THE LORD
DIVERS COLOURS
ELEVEN SONS
FORTRESS AND DELIVERER
FRONT OF HOTTEST BATTLE
HANUN, SON OF NAHASH
JONADAB WAS SUBTIL
KILLED URIAH
KING KISSED ABSALOM
KISSED AND WEPT
LAW OF MOSES
LETTER TO JOAB
LORD BROKE FORTH
LORD GOD I BESEECH THEE
LORD PUT AWAY THY SIN
LORD SENT AWAY
LORD WAS INTREATED
MADE A FEAST
MADE THEE A GREAT NAME
MICHAL DESPISED HIM
IN HER HEART
NO MANS HEART FAIL
NONE BESIDE THEE
NONE LIKE THEE
PEACE OFFERINGS

PHILISTINES FLED
PLAGUE STAYED
QUENCH NOT LIGHT
RAISE UP EVIL IN THINE
OWN HOUSE
SHAVED HALF
SHIMEI PARDONED
SIX FINGERS
SIX TOES
SLEW A GREAT SLAUGHTER
SMITTEN BEFORE ISRAEL
SOLOMON SHALL REIGN
TAMAR REMAINED DESOLATE
THE KING RETURNED
THE LORD IS MY ROCK
THE STONE EZEL
THY NAME BE MAGNIFIED
FOREVER
TRIBES ANOINT
URIAH THE HITTITE
WALKED IN A TABERNACLE
WALKED IN A TENT
WENT TO SAMUEL
WEPT VERY SORE
WHAT GOD WILL DO FOR ME
WORSHIPPED
ZIKLAG

PUZZLE #30 DAVID PART 2

D Y M O R A D I K E M R O F O D L L I W D O G T A H W L D D
E E A O P E A C E O F F E R I N G S O T E H T L A O I R E E
D R L W L W V A H L L U Y S E S O M F O W A L N A T O T F I
I E O I A A A E E T I T T I H E H T H A I R U S B C A R D O
S O L S V T S V R M E S U I D A L A C R Y N I U W E T E F R
C R S F Y E N B R O T E H O R E A R T O S I S E R O G R R V
A A A R M R R E A R F T H I N S F U R O T S S T I N L E O E
N M E E E O E S D A D N T E H S E N Y A S N S E G O V N R
E G N R Y G L V D D E V E R H T N O D W A I D N T E R I T E
T L I O E Y N A T P R S D I O C F Y B M S Y I O S T D L O C
P I P E N A T I S P H O S R F N E A I A T S E R A H B E F O
E H O O R O O R F B E I L I A I D E W A E N A T E A R D H L
D G I T E L N I O X A W L H K A N D S V I R T C F M O D O E
O T Y L H P L L A F I H A I N G R G A E M E A H A E K N T S
F O P I I E E A Y E D S T O S O N C A E B A G I E V E A T U
D F L E N S S H H I H E J D L T D I N M R I N O D O F S E O
S A E C W A T T T S S R N F E E I R K Y E T D L A D O S S H
A H N O A D E I O D N D E G E N E N A T R B R O M E R E T N
T T A C K I N O N N E O E T I B R H E U A S E N G A T R B W
R E D V E L Y A U E S M A H E U U T S G N I M Y D H T A O
A A I E E D A R D N S E S O D G R R O E T E A D A I R R T E
E B V L N D W T E E R F Z E L I U D N M K O F O A N U O T N
H T I I D O H I W T S N L E L O V A I T A I D A R M Y F L I
R H N S A O D A T L A S P E L B S D L V O B L A S E A H E H
E E G H H T T R L H C L I R D K E L E S A F E E V N V S T T
H R N L E A A F O F A O O K R N C W E T T D F H N I I A T N
N F U I R D G O F G E L I S R A A O N T A A L E S O D E A I
I O S E T E R C U I O L L U E L M O R E T T E H R H N T B L
M S I V H D E E H S L D T H K D N A D Y L E I R G I T O I I
I M R F N A S G N E E E I E I E D N T E M M R T G O N A R V
H G N R I T E O D H R M D V B S I E A D E S V T P A E G B E
D E O O A R S U S G I I A E A S M R N I E G I A O U W A S P
E F W Y G N R N N I N G S N Y D S I P I T C E D H J H E Z U
S E E E I O I I A E I O H T I D A G O A Y R U R O O I L E
I D D V A T K L T N D E T S E A R E T H U M A O F O K A T S
P O E H D E C E A E D Y I R R D E W W N I O E W F L L A B I
S L I O H H N A T E A X O A O U D R E E I R U R A N E E L A
E E D T U T S H P W T F D N M T O A G N H O H G R E O C H R
D L S E R A E P A O E E F Y O H H L V A T S N A T A U N I T
L A U N T E I T E B I D O S R A N Y O I E T R A G E M Y M E
A D P M A H U S N D N E F I F S U E D C D E O A S E H A R A
H O H W S P M E D E T T E R U R N F E R S A H S H E B U T E
C D T R D D T L A W D F O R S E S O I H S R I T A T B R S V
I O O R S T I I T H G I L T O N H C N E U Q E K E M A I A I
M W O K I H E V L I A F T R A E H S N A M O N V E D U I R L
A L R M C E L C A N R E B A T A N I D E K L A W I L A E B T
R E S I T I C A R D I S P L E A S E D T H E L O R D I M L A

SO DAVID SLEPT WITH HIS FATHERS, AND WAS
BURIED IN THE CITY OF DAVID (1 KINGS 2:10)

PUZZLE #31 SOLOMON PART 1

Find the words and phrases about Solomon, in the puzzle.

A THOUSAND AND FIVE SONGS
ABIATHAR THRUST OUT
ACCORDING TO ALL HIS DESIRE
ADONIJAH FEARETH
KING SOLOMON
ADONIJAH PUT TO DEATH
ALL EARTH SOUGHT SOLOMON
ASK WHAT I SHALL GIVE THEE
BAALATH
BEFORE ARK OF THE COVENANT
BEGAN TO BUILD
BETHHORON
BLESSED BE THE LORD GOD
BOND SERVICE
BRING A SWORD
BUILD HOUSE UNTO LORD MY GOD
CAME TO PROVE
COSTLY STONES
DAVID CHARGED SOLOMON
DAVID SLEPT
DAVIDS SON
DIVIDE THE CHILD IN TWO
EZIONGEBER
FAME IN ALL NATIONS
FOURTH YEAR
GEZER
GIBEON
GIVEN RICHES AND HONOUR
GIVEN WISE AND
UNDERSTANDING HEART
GOD GAVE SOLOMON
GOD SAID
HIRAM LOVED DAVID
HIRAM REJOICED
HIRAM SENT GOLD
HIS PROVISION
HORNS OF ALTAR
I KNOW NOT HOW TO GO
OUT OR COME IN
I WILL LENGTHEN DAYS
JEHOIDA FELL UPON HIM
JOAB FLED
KING DAVID BOWED

LORD APPEARED IN A DREAM
LORD GAVE WISDOM
LORD LOVED SOLOMON
MILLO
NATHAN THE PROPHET
NONE BEFORE THEE
NOT MY SON
OATH OF THE LORD
PEACE FOREVER
PEACE OFFERINGS
PEACE ON ALL SIDES
PROPHET AHIJAH
REZON SON OF ELIADAH
SAND ON SEA SHORE
SEVEN HUNDRED WIVES
SEVEN YEARS
SHALL BUILD AN HOUSE
TO MY NAME
SHE TOOK MY SON
SHIMEI NOT GUILTLESS
SOLOMON LOVED THE LORD
SOLOMON ON THE THRONE
SPEECH PLEASED LORD
SPICES
TADMOR
TALENTS OF GOLD
THAT THOU MAYEST PROSPER
THEY BROUGHT PRESENTS
THIRTEEN YEARS
TO HEAR HIS WISDOM
TWENTY CITIES
VERY MUCH GOLD
WHAT JOAB DID
WISDOM EXCELLED
WISDOM OF GOD
WISE SON
WORD OF THE LORD
ZADOK THE PRIEST

PUZZLE #31 SOLOMON PART 1

```
A D O N I J A H F E A R E T H K I N G S O L O M O N A E P E
R T S R A E Y N E V E S H E C S O D T I E V B O S L M O R A
D E H A J R D E V E W I P N O T R C R E S U M A O A N I O V
O R K O O H E I E R S G O E M D I A H O I G N I N E S O P R
N I O M U I N T V P O N U Y E W R T E L W D A Y N E I L H E
I M D L R S I A R I E S S R I C E O D Y O S M A D E O F E S
S A O R E T A O N B D O E L D V H H L N N O A S K R I S T A
T H S E L H V N E O N E L V I E O P S E T E I G D C H T A N
H N E H I I T F D S M L T G E U L E L E H H E A N I E D H W
J I H T S A O D O A E O L H S N A L S E L T P T M I E O I I
E A R I O R E P E N N L L E E S H U E L A P F E R C R S J Z
A V O A E O D E G V A D U O H C O U A C E S I O I I E B A O
G N O T M E K T L H O N F O S H H O N A X N E O D S H D H R
I D H R A S H M S O T L R I N D T I R D O E J D O R O T J E
V E A L P E E I Y O R E N A V G E E L T R E M N L K O P E D
E L B V N O T N L S M D D O N E D G G D R E C O T O E W H O
N A E D I A T O T A O L L I M I S U R M I O D H D A R E O G
W R A I H D R E I G I N D O N O I O A A S N E W C S A D I D
I Y R W A D S A M U O R O A V L L R N T H P T E I M I V D R
S O K A M P I L B A O L D T T E I O L G R C O W O V E W A O
E S O Y I L D L E C C R D L H H D Y S I S F D N O N E P F L
A F G C N E L E C P E O E T E L S S E A F O O I R J O S E E
N O E R W A O A A A T S F R I T R S O E U N G I V T S H L H
D S R O H E G R M O S O E U O E T F R L N K C O Y A A R L T
U M E S A S H T O U H F B N Z A S I W O O H O A T L D H U E
N O V N T A C H T T I O E E O E N T A T E M E N T E O A P B
D D E I J O U S A N T S G O D G A V E S O L O M O N N D O D
E S R W O U M O O N A H E I S T E R A V I G I N E T I A N E
R I O A A M Y U A L H N S N T W E N T Y C I T I E S J I H S
S W F W B P R G I R O L E G E E D O O H R V H D A O A L I S
T S E J D O E H D D L M C V N H N I K E A E I S R F H E M E
A I C A I B V T Y A A E O E O O O N A Y B V O H T G P F U L
N H A O D O A S N E V R L N L C R R H S A I N I E O U O R B
D R E B E G N O I Z E I O S O I E T N D D E G N R L T N E W
I A P O R Y E L A O L U D R M N H H D S U O M A M D T O I N
N E R I G C W O N N R E Y S A A T E T O O T G Y I F O S O A
G H I N A O E M O I O S D I S E V H D F A F D O T O D N J E
H O B E T H H O R O N U A T K O Y N E R O C A N E O E O A C
E T P I O I T N I N E R N U L D N H A T Y K O L M O A Z B I
A R E P S O R P T S E Y A M U O H T T A H T R O T B T E E V
R E D O D E W O B D I V A D G N I K H R T R F A F A H R N R
T A B I A T H A R T H R U S T O U T E G U G O L E E R K A E
E L E D H I M O D S I W E V A G D R O L O O E N O R Y O M S
T H E Y B R O U G H T P R E S E N T S D C D F L E K O R A D
A I A N S E T H I G H T S N O I T A N L L A N I E M A F R N
R N I E M O C R O T U O O G O T W O H T O N W O N K I N E O
H G T E H P O R P E H T N A H T A N I R I A O H T A L A A B
```

Then sat Solomon upon the throne of David his father; and his kingdom was
established greatly (1 Kings 2:12)

PUZZLE #32 SOLOMON PART 2

Find the following words or phrases that further describe Solomons life.

ABUNDANCE OF SPICES
ALL VESSELS OF PURE GOLD
ALMUG TREES
BENAIAH FELL UPON SHIMEI
BENAIAH SLEW JOAB
BUILT HOUSE
BURIED, CITY OF DAVID
CEDAR TREES
CHEMOSH, ABOMINATION OF MOAB
DAVIDS LIGHT
DRINKING VESSELS OF GOLD
FINISHED IT
FIR TREES
FOR DAVIDS SAKE
GODDESS OF ZIDONIANS
HARD QUESTIONS
HE KEPT NOT THAT
WHICH THE LORD
COMMANDED
HEART NOT PERFECT
WITH THE LORD
HIGH PLACES
HIRAM AND SOLOMONS LEAGUE
I WILL REND IT OUT OF
THE HAND OF THY
SON
JEROBOAM FLED TO EGYPT
JEROBOAM SHALT BE KING
LORD ANGRY
MILCOM, ABOMINATION
OF AMMONITES
MOLECH, ABOMINATION OF AMMON
NAVY OF SHIPS
NO MORE SPIRIT IN HER
ONE TRIBE TO THY SON
OXEN, FAT CATTLE, SHEEP
PEOPLE REJOICED WITH GREAT JOY
PILLARS
PRECIOUS STONES
QUEEN OF SHEBA
RAISED LEVY
REHOBOAM REIGNED IN HIS STEAD
REIGNED FORTY YEARS

RENT GARMENT IN TWELVE PIECES
SHIMEI DIED
SHIMEI WENT TO GATH
SIDONIANS
SOLOMON CLAVE IN LOVE
SOLOMON DID EVIL
SOUGHT JEROBOAM
STIRRED UP ADVERSARY
STRANGE WIVES
SURELY TURN THY HEART
TAKE THEE TEN PIECES
THEY LACKED NOTHING
TO GRAVE WITH BLOOD
TWELVE THOUSAND HORSEMEN
WEALTH EXCEEDED ALL KINGS
WENT AFTER ASHTORETH
WISDOM AND UNDERSTANDING
EXCEEDETH MUCH
YE SHALL NOT GO INTO THEM

PUZZLE #32 SOLOMON PART 2

```
S H I R A M A N D S O L O M O N S L E A G U E N E R E F A R
A E K A W E A L T H E X C E E D E D A L L K I N G S I C E K
B A C B E A T A M R E H N I T I R I P S E R O M O N E H N S
U R O E A W I R E U U E O T S P I L L E Y A R E I M O T O I
N T L N I E S I A S G A T R E R V E O G L Y R S U B I R S T
D N F A K P U M T E T T E H H I E S F R R I H L O E R O Y A
A O R I E S N Q A F H L R A A B T H E A D E F A V A S W H T
N T E A R A C E U L A Y A E R U I A S O D A M E E N E I T A
C P D H I T E H T A T E H R E S A R S I U R N T E A C S F I
E E O F C L R K C E R P B T D S E K T F E A I G E I E D O S
O R R E K E Y E A W E O R H N V N E I I R D N O R S I O D E
F F E L I O A V E S T H A E D R G I G T L E L U O Y P M N Y
S E R L N O X N E S S A T A C N U N A O E H T U E D E A A D
P C E U T A E E A L I D P E O I E T G N R E G R I V V N H E
I T I P H N N X N A D U I S K D O F Y G T H A V E Y L D E D
C W G O E I U E E F D E Y V I A O U N L T O A T O O E U H N
E I N N C H Q U L E A H S N A S T I S J E D E F O J W N T A
S T E S K T A L R L T T H I L D K C E S F R S O E T T D F M
E H D H C G R R I O A I C E A E R R U O T H U S T A N E O M
T T F I O A I O T O S R S A B R O O Y S I O W S R E I R T O
I H O M L T Y E O S R S I T T B H T F P U E N G E R T S U C
N E R E S E B S T E E T L S O T I A S A N I T E H G N T O D
O L T I O I T E U V T A E A L C L B H T S E Y P S H E A T R
M O Y L R J A H G A H E M I D A E E A E O Y O N H T M N I O
M R Y T A D E N G S E Q U E E N O F S H E B A T I I R D D L
A D E G B A I R M I R B I M A O T Y E H S R W O M W A I N E
F N A U C K L A O A L R D I E E U V T N E E S E E D G N E H
O I R L N A O L R B U S A L R F O E A Y L E O F I E T G R T
N N S I U B J T V B O H D A A L G I E V R S P E W C N E L H
O G R T O E O A E E S A S I N E N S E F O E P O E I E X L C
I D K R N R B E N L S H M I V O H T K L L T A R N O R C I I
T O E Y E S A R E N T S E F D A H A O E O S R U T J O E W H
A J C I S O S W O O R V E I L O D M E V R A R T T E B E I W
N O E N S T J E R R A O Z L U E O S T G A R O N O R T D E T
I S S G E O R E E L V F N S S N D L N S N T E A G E S E H A
M N R T A E T A C R O O A D D O A T B O T I R T A L A T A H
O A I B E H G N N S T N S I E P F I O H I A R E T P I H L T
B I L H A N O S S G D R D E S I F P A E T T O A H O S M I T
A N E O F M R E O H E E A O C D D P U Q G I S N E E O U K O
M O D G O A D I O N V W D D Y A Y I L R D Y W E S P N C A N
O D A L L D N R K I A U I I E K L N E I E R P E U T R H S T
C I O L O T S O L A L E R V S C T P O M S G H T V Q A A E P
L S I G O E K E A D N V A R E E A T H R I N O T I A D D C E
I P T T M A C K I N A E O C K S F O T G E H I L S O R R E K
M T H E Y L A C K E D N O T H I N G N R I T S O D B U G A E
A E N T B A O M F O N O I T A N I M O B A H S O M E H C O H
M O L E C H A B O M I N A T I O N O F A M M O N S T N E A T
```

And Solomon slept with his fathers, and was buried in the city of David his father: and Rehoboam his son reigned in his stead. (1 Kings 11:43)

PUZZLE #33 SOLOMONS TEMPLE

The words below describe the house that Solomon built unto the name of the Lord God. Find them in the puzzle.

AGAINST THEE
ALTAR OF GOD
ARK UNDER WINGS
BETHINK THEMSELVES
BLASTING
BLESSED BE THE LORD GOD
BOWLS, SNUFFERS, SPOONS
BRIGHT BRASS
BRING UP ARK
BROUGHT OUT OF EGYPT
BUT IF YE AT ALL TURN FROM
FOLLOWING ME
BY ALL PEOPLE
BY ANY MAN
CARVED FIGURES
CATERPILLAR
CHAINS OF GOLD
CHAPITERS UPON TOP
CHECKER WORK
CLOUD FILLED HOUSE
COVENANT OF THE LORD
COVERED ALTAR
CUNNING TO WORK BRASS
DO ALL THE STRANGER
CALLETH TO
THEE FOR
FILLED WITH WISDOM AND
UNDERSTANDING
FINISHED IT
FORGIVE SIN OF THY PEOPLE
GOLD FITTED UPON
CARVED WORK
HOUSE BUILT FOR THE LORD
LAVERS, SHOVELS, BASONS
LEFT PILLAR, BOAZ
LIONS, OXEN
LORD APPEARED TO SOLOMON
LORD HEARD PRAYER

MADE WITH OUR FATHERS
MAY KNOW THY NAME
MOLTEN SEA
MOST HOLY PLACE
MY NAME SHALL BE THERE
NOR ANY TOOL OF IRON HEARD
NOR FORSAKE US
OLIVE TREES
ONE SEA
OPEN FLOWERS
ORACLE FOR ARK
OVERLAID WITH PURE GOLD
PRAY TOWARD THIS HOUSE
PRIESTS COULD NOT MINISTER
RESPECT PRAYER OF SERVANT
RIGHT PILLAR, JACHIN
SEVEN YEARS BUILDING
SPREAD GOLD
STRANGERS SHALL HEAR
SUPPLICATION
TABERNACLE OF THE
CONGREGATION
TABLE OF GOLD
TEACH THEM
THEN ESTABLISH MY KINGDOM
FOREVER
THINGS DAVID DEDICATED
THY SERVANT DAVID
TWO CHERUBIMS
TWO NETWORKS
WORD BE VERIFIED

PUZZLE #33 THE HOUSE SOLOMON BUILT
FOR THE LORD GOD IN ISRAEL

```
S  E  V  E  N  Y  E  A  R  S  B  U  I  L  D  I  N  G  W  E  D  S  A  H  R  E  D  I  V  S
A  M  P  R  I  E  S  T  S  C  O  U  L  D  N  O  T  M  I  N  I  S  T  E  R  H  G  O  E  U
R  E  I  Y  O  D  R  A  E  H  N  O  R  I  F  O  L  O  O  T  Y  N  A  R  O  N  S  U  B  P
M  Y  A  B  W  L  E  B  A  E  S  Y  B  A  S  B  O  R  E  N  M  I  N  S  G  T  H  R  U  P
P  O  L  O  U  N  U  O  K  C  A  G  I  R  U  P  R  E  O  F  W  O  D  O  R  D  O  T  T  L
E  R  L  R  O  R  U  U  R  K  E  Y  N  W  I  S  R  H  L  E  S  R  L  A  S  U  D  O  I  I
R  S  R  I  H  E  E  O  A  E  C  D  R  I  E  N  R  E  V  P  O  E  N  T  G  I  N  G  F  C
I  P  E  G  O  A  R  H  E  R  O  P  D  O  W  T  G  R  A  L  O  G  E  H  E  D  A  E  Y  A
N  T  S  N  G  I  N  G  C  W  A  I  S  T  I  R  E  U  E  D  E  E  T  R  Z  N  E  T  E  T
G  S  D  A  M  O  S  T  H  O  L  Y  P  L  A  C  E  H  P  R  G  O  P  A  T  O  S  H  A  I
R  E  T  L  D  N  E  H  N  R  W  O  K  C  E  L  T  D  S  A  U  O  O  L  A  E  D  E  T  O
O  L  O  L  O  L  I  E  D  K  I  T  E  V  I  R  O  S  N  T  R  B  L  O  L  I  V  L  A  N
F  L  N  T  Y  G  S  A  I  E  C  F  E  L  O  E  H  E  O  U  R  K  C  D  I  A  E  I  L  M
E  O  T  E  M  E  F  T  S  V  E  D  E  F  N  A  O  F  M  A  K  I  D  L  E  R  Y  R  L  E
E  R  I  H  A  Y  G  O  K  E  N  S  T  A  L  L  E  F  L  O  E  R  E  S  F  O  R  B  T  O
H  D  S  T  Y  R  N  V  E  C  O  L  I  L  E  G  O  L  A  L  I  T  A  I  E  S  E  U  U  F
T  H  E  N  E  S  T  A  B  L  I  S  H  M  Y  K  I  N  G  D  O  M  F  O  R  E  V  E  R  I
O  E  C  H  O  T  E  M  U  B  E  C  P  I  P  A  B  Y  A  N  Y  M  A  N  I  T  S  N  L
T  A  K  E  T  O  R  R  B  E  A  A  T  R  T  N  E  D  A  G  L  A  Y  S  D  J  I  T  F  L
H  R  S  W  E  W  P  E  V  R  S  E  T  F  A  T  S  L  I  G  T  H  O  W  N  U  R  I  R  E
T  D  U  Y  I  L  S  S  O  A  A  H  E  E  H  T  T  S  N  I  A  G  A  U  E  S  T  E  O  D
E  P  Q  A  N  U  P  T  S  C  N  L  A  I  F  A  L  W  A  S  T  O  P  F  R  A  E  G  M  W
L  R  U  R  O  N  E  O  H  R  T  T  N  L  R  I  V  A  S  R  N  G  W  C  B  T  L  O  F  I
L  A  O  H  E  I  K  T  E  S  E  K  D  O  L  U  N  A  D  X  B  O  K  E  S  O  A  M  O  T
A  Y  V  V  E  S  H  R  M  P  T  F  F  A  D  B  R  I  S  E  Y  T  R  I  R  W  N  I  L  H
C  E  A  O  E  P  U  O  H  Y  G  F  E  V  B  E  N  S  D  R  N  H  D  A  A  M  C  L  W
R  R  T  N  M  R  A  E  E  W  O  H  I  U  K  I  O  T  E  H  A  E  A  G  T  N  H  T  O  I
E  O  P  I  T  H  L  M  C  L  D  F  T  R  N  S  D  T  H  C  E  P  V  E  I  A  O  P  W  S
G  S  A  R  G  I  S  A  D  T  I  E  O  F  A  S  A  R  L  E  P  D  U  O  P  R  E  E  I  D
N  F  O  T  A  E  S  T  I  R  P  W  V  B  O  C  S  E  W  E  R  S  I  I  C  N  B  R  N  O
A  O  T  M  L  Y  O  R  E  D  O  R  S  R  I  N  O  L  A  H  E  E  T  T  F  S  A  E  G  M
R  O  I  V  A  V  T  V  E  T  W  L  A  D  A  F  I  R  W  R  A  E  T  L  O  U  K  S  M  A
T  N  E  S  E  Y  E  O  G  H  E  I  E  Y  T  C  E  S  U  O  R  D  O  N  U  E  C  U  E  N
S  S  E  N  U  B  K  N  W  V  T  D  T  H  E  D  N  G  E  S  B  W  A  G  S  K  I  O  W  D
E  O  H  S  D  D  I  N  O  A  D  A  E  H  T  R  I  O  U  V  E  L  O  I  L  A  R  H  N  U
H  S  R  R  R  N  L  H  O  I  R  C  F  O  P  F  O  P  P  R  I  N  G  S  O  S  E  D  R  N
T  N  O  A  N  A  S  O  V  W  O  D  S  R  D  U  O  F  S  U  H  G  O  K  C  R  P  E  E  D
L  W  A  U  C  S  L  A  G  N  T  O  T  E  U  N  R  T  S  E  D  O  R  R  E  O  A  L  B  E
L  I  C  G  R  L  D  L  G  F  L  H  V  H  T  O  M  E  N  E  D  E  R  O  M  F  O  L  L  R
A  T  O  E  N  S  E  R  I  O  O  R  Y  O  I  T  H  A  G  A  R  I  T  W  F  R  S  I  A  S
O  Y  V  V  I  G  I  E  F  M  P  A  S  P  N  O  S  B  T  H  O  N  V  I  T  T  O  O  F  T
D  A  E  N  N  G  T  O  O  C  R  Q  N  U  A  E  H  M  I  W  L  E  A  E  I  N  R  D  K  A
L  W  I  O  A  T  N  S  E  R  U  E  S  I  A  M  I  O  N  W  O  D  V  N  S  F  E  U  C  N
A  H  E  T  Y  U  G  I  A  N  A  S  T  O  A  L  E  M  U  R  E  S  I  O  T  U  D  O  A  D
T  R  I  G  H  T  P  I  L  L  A  R  J  A  C  H  I  N  O  S  E  D  X  W  C  O  I  L  T  I
O  O  L  D  L  E  S  F  O  U  B  N  K  I  C  Y  C  L  I  T  E  E  A  T  I  K  R  C  O  N
N  B  L  E  S  S  E  D  B  E  T  H  E  L  O  R  D  G  O  D  N  T  O  M  E  S  K  I  R  G
```

AND IT CAME TO PASS, WHEN THE PRIESTS WERE COME OUT OF THE HOLY PLACE, THAT THE CLOUD FILLED THE HOUSE BUF THE LORD, SO THAT THE PRIESTS COULD NOT STAND TO MINISTER BECAUSE OF THE CLOUD: FOR THE GLORY OF THE LORD HAD FILLED THE HOUSE OF THE LORD. (1KINGS 8:10-11)

PUZZLE #34 REHOBOAM AND JEROBOAM

The words below describe the reign of both Rehoboam and Jeroboam. Find them in the puzzle.

ABIJAH FELL SICK
ADORAM STONED
AHIJAH THE PROPHET
ALTAR SHALL BE RENT
ASHES SHALL BE POURED OUT
BECAUSE OF THE SINS
OF JEROBOAM
BEHOLD THY GODS
BUILT HIGH PLACES AND IMAGES
BUILT PENUEL
BUILT SHECHEM
BUT HE LIED UNTO HIM
DIETH IN THE CITY
DIETH IN THE FIELD
EAT NO BREAD
FORSOOK OLD MENS COUNSEL
GOOD WORDS
HAND DRIED UP
HEAVY TIDINGS
I WILL ADD TO YOUR YOKE
IN HIM IS SOME GOOD
THING TOWARD
THE LORD GOD
JEROBOAM DWELT IN EGYPT
JOSIAH BY NAME
JUDAH DID EVIL
KING ANSWERED ROUGHLY
KING HARKENED NOT
UNTO PEOPLE
KINGS HAND RESTORED
LION SLEW THE PROPHET
MADE ISRAEL TO SIN
MAKE YOKE LIGHTER
MY HAND MAY BE RESTORED
NOR TURN AGAIN
OLD PROPHET
PRAY FOR ME
PROVOKED GOD
REFRESH THYSELF
REHOBOAM REIGNED

IN SOLOMONS
STEAD
REWARD
SCORPIONS
SHALL DOGS EAT
SHALL FOWLS EAT
SHALL SCATTER THEM
SHEMAIAH, THE MAN OF GOD
SHIELDS OF GOLD TAKEN AWAY
SODOMITES IN THE LAND
SPAKE BY AHIJAH
STRENGTH
THE CHILD SHALL DIE
THE LORD HATH SPOKEN
TO PROVOKE ME TO ANGER
TOOK AWAY THE
TREASURES OF THE
HOUSE OF THE LORD
TWO CALVES OF GOLD
UNTO THE HOUSE OF DAVID
WAR ALL THEIR DAYS
WHEN THY FEET ENTER CITY
WILL TAKE AWAY
REMNANT OF HOUSE
OF JEROBOAM
WORD SHALL SURELY
COME TO PASS
YOKE GRIEVOUS

PUZZLE #34 REHOBOAM AND JEROBOAM

```
A U T G E W D I E T H I N T H E F I E L D N I E I S H L A T
H S N I G I L I K I N G S H A N D R E S T O R E D A B I W O
I Y O T H L W A H N E A V Y O L R U P R O P H E N D E O D O
J A R V O L B I L S C O R P I O N S I T P I E D O K C N O K
A D A E S T E A L E D B Y S J E U S C R H I D G S A A S G A
H R Y A O A H L E L O T E H P R O P A E T R D A L S U L D W
T I N S E K O E E R A T I T H O R Y W S I E A V E T S E R A
H E P H T E L A H S U D L O T I F A H E K T E I D O E W O Y
E H L O R A D I T O N I D I G O U M D O N S C A K P O T L T
P T I T I W T W A E U U R T R U M U V O O R E T A R F H E H
R L V I P A H S H B P S O M O E P O S F T R E U R O T E H E
O L E Y E Y Y T H E I S E C T Y R E G A B O L E I V H P T T
P A D T S R G R G E N J R O S P O O N O S O R F J O E R D R
H R I I W E O E O T M T A E F N L U N D A R Y J A K S O R E
E A D C E M D N N L I A H H T D E T R A D O R S B E I P A A
T W H E A N S G I I N M I Y F H A M O Y U J E U O M N H W S
S R A H R A F T D A T B E A F E G V D N O T C S R E S E O U
S B D T D N R H I V G L A H H E L I I L I K H I A T O T T R
A O U N N T O I N E I A E I T T E L L D O N E S M O F R G E
P U J I A O G L E R R R N W I R H T S E N K I L D A J E N S
O N E H L F M E D O I A D R D L E E I K A O R E N E O I O
T Y O T E T O A A P L H E A U M L T M N C O D O E G R B H F
E A P E H H H S D R R A E N T A B T A T K Y L S E O A T T
M W L I T E A I D E N O T S M A R O D A N E P E O R B N D H
O A E D N H M N G C I R P R A F Y O B K C O R T K A O O O E
C N S R I O O A R H R S A H E A R J N O E S F C A A A F O H
Y E H A S U A T N I P Y R R E I A R S P R O L G I E M O G O
L K A Y E S A E O Y O L V A N T B G O A I E S L O T R E E U
E A L L T E C R T A B D A T E U A T I V Y P J T A D Y S M S
R T E H I O D E A N A H N C I L N F U L A H A S T H O E O E
U D A G M F O E L I H E A L E U T B A K C E T G O D S I S O
S L R U O J W Y L F T A T I T S U O E T S T O N A H I D S F
L O R O D E H I O V L S L O S T A B S G R O S I L T O L I T
L G E R O R E L U K H E N T H O Y N O I D E A D E A F L M H
A F A D S O C D S E D S E A A J D D W N O S I N R E A I E
H O N E A B U K C R E G L Y H R L N O I A N A T O I A H H L
S S E R N O M H A N R I R I H L S R I A M O I Y N A T S N O
D D I E D A E O E A E R J I A T D H A D N A M V A I L D I R
R L H W J M U K S D L A E H E S H N A R E B G A I R A L G D
O E N S E E R C U I H V S I D V O S R L I L E E N I S I O E
W I W N R A A N N T U O D E R U O P E B L L A H S S E H S A
O H S A H H T E T E L H O I S H A U L R O B M T E C A C E D
R S A G R O T A E S L W O F L L A H S I F T E A N S P E H I
P T N N H D A E F O S A N D A U S I A F A E O R F E B H T R
H I L I O T H E L O R D H A T H S P O K E N R M E N A T S P
K A M K L S H L A L O D E R O T S E R E B Y A M D N A H Y M
R E H O B O A M R E I G N E D I N S O L O M O N S S T E A D
```

And there was war between Rehoboam and Jeroboam all their days. (1 Kings 14:30)

PUZZLE #35 ELIJAH (PART 1)

The words below describe Elijah, the prophet. Search for them in the puzzle.

A DAY INTO THE WILDERNESS
A SOUND OF ABUNDANCE OF RAIN
ACCORDING TO THE
SAYING OF ELIJAH
AHAB TOLD JEZEBEL
ANGEL CAME AGAIN
ANGEL TOUCHED HIM
ARISE AND EAT
BARREL OF MEAL SHALL
NOT WASTE
BREAD AND FLESH
BROOK CHERITH
BROOK DRIED UP
BROOK KISHON
BUILT AN ALTAR
CALL ON YOUR gODS
CLOUD OUT OF SEA
CONSUMED THE
BURNT SACRIFICE
DID ACCORDING TO
WORD OF THE LORD
DUST, STONES, AND WOOD
DWELT BY CHERITH
ELIJAH IS HERE
ELIJAH MOCKED THEM
FIRE OF THE LORD FELL
FORSAKEN THE COMMANDMENTS
FOUR HUNDRED FIFTY
GATHER ISRAEL
GOD ANSWERETH BY FIRE
HIDE THYSELF
I WILL SEND RAIN
JUNIPER TREE
LET IT BE KNOWN THAT
THOU ART GOD
LOOK TOWARD THE SEA
MEAL WASTED NOT
MORNING AND EVENING
MORNING TIL NOON
MORSEL OF BREAD
NEITHER DID THE

CRUSE OF OIL FAIL
NEITHER SHALL THE
CRUSE OF OIL FAIL
NOR ANY THAT ANSWERED
OBADIAH FEARED THE LORD
OF GILEAD
PEOPLE FELL ON FACES
PROPHETS OF BAAL
PUT NO FIRE
RAN BEFORE AHAB
RAVENS FED
REPAIRED THE ALTAR
REQUESTED TO DIE
THEY SEEK MY LIFE TO
TAKE IT AWAY
SLEW PROPHETS OF BAAL
SON FELL SICK
SON REVIVED
STRETCHED HIMSELF
THE LORD, HE IS GOD
THREE TIMES
TIL THE LORD SEND RAIN
TRENCH
WIDOW WOMAN
WORD IN THY MOUTH IS TRUTH
WORD OF LORD CAME

PUZZLE #35 ELIJAH (PART 1)

```
D I D A C C O R D I N G T O W O R D O F T H E L O R D I T S
R K O L L M I E R L O O E L I O E R L A E A V A E I A V N R
A C H T O O S A O N L R E P A I R E D T H E A L T A R U A I
T I E A R R T S S E E I R E T L I D E I O L I I P E B N B V
L S A N J N I H I H R L T R E A L O O H L J U E A A B A R S
A L L O E I N L S R J E R A R M O V R F A A O R S E R L A T
N L O K M N L I T E O D E M M O E E A H L P H O F R I A B N
A E N C P G H E E O E O P A I L V A M A L O U O E A N R I E
T F I O O A O F F L R I L R E J O L E E N R L A V E O T M
L N E T J N E R S O I G N D E I C J F W D E O D T I L M E D
I O A I H D S N O N G A U U A K S E O O A F M L C S O E Y N
U S L V Y E E U R D R N J V E E L F H M S E O L A R Y G A
B E O E V R E M R I E I D V L R A A E A B T R O I M O A M
A C V J A E I S E E D A T Y O A B B A N E R M E E R D E N M
R A I R I N N T H L D H O N A U E L F Z D I I V D A I B O O
R L D E N I K H I A E B F D N S S I E O H E T I N N R A H C
I L E A V N E I V M L A U D O H E J D D L V A S I E O T S E
S O R T Y G S K E O C L A R A G D H E O I E W T A V I T I H
T N E O I I T C A E O N T L N I E H T Z T E S D T R N B K T
A Y W N E T N W S S C S L H O T C H L O R D A R E L E O K N
L O S E L O B T O E E N L T E U S O T E T N E H O E L I O E
Y U N R S Y O E O R O O B E O C O A T S D G C T R M A T O K
A R A I O E A F K T D A F T W K R H C F I Y N O S N V S R A
W G T V F L R D W N H I L O T P B U L R B E O I E E R Y B S
A O A E G A I A G A O E N O U Y R E S T I S H A D L U Z L R
T D H I I R S L R D G W W T F R S O L E V F L D A R C Q I O
I S T N L T L I I N R A N I H H H E P I O I I O R N O A E F
E L Y O E E O G A O R O R T L Y W U A H L F N C L O I C O R
K A N S A N K N N D F E L A H D M D N O E U O T E H L I C E
A T A T D S E E T I L T A E M A E O T D A T R I V C N E K A
T H R R L I N H R R I B I D H O T R U E R O S N L K A V H S
O E O E A L E E E B F A H L O T R T N T T E E O I F M O A T
T G N L N S E O A O R T S N T O D N H E H V D R F A A O L R
E O I V E C O F S T I O I E I H W E I O S I Z F O B T I I E
F S V A R O H T D R N A O R G I E D R N U S S I I A A L L T
I E E N V T E I E R R V N K O A L L N A G A A T A F R A O C
L I N I R H N H E D O E T O D L T A O A E T R A R T T N L H
Y O T E P I C V N E W L R L I R O H V R S F I T I U O Y U E
M L O O L K I E O I E I E I S O I V E I D E H L G N T O A D
K E R L O V S L D V L O L H G L J E L R O S N A N O U H G H
E P E O E L O O I E T T O E T E E O D L I O E O I O D I T I
E R R D L O W R V J R N V L H F R R O U J S O N T D O V H M
S B I I N W A E S F O T U O D U O L C E P L R I D S A N R S
Y O W E O I V N T H I D E T H Y S E L F O A L A R R T B Y E
E I T M E N I D A O V O N I O V T H R E E T I M E S A S O L
H S A N A T N A N G E L C A M E A G A I N R V E O L L I U F
T N E I T H E R D I D T H E C R U S E O F O I L F A I L N D
```

And he said, I have been very jealous for the lord god of hosts: because the children of Israel have forsaken thy covenant, thrown down thine altars, and slain thy prophets with the sword; and I, even I only, am left; and they seek my life, to take it away. (1 Kings 19:14)

PUZZLE #36 ELIJAH (PART 2)

The following words describe Elijah the prophet. Search for them in the puzzle.

A STILL SMALL VOICE
ACCORDING TO THE AMORITES
AHAB FASTED
ANGEL SAID UNTO ELIJAH
ANOINT HAZAEL
ARISE, MEET THE MESSENGERS
ASK WHAT I SHALL DO FOR THEE
ASKED HARD THING
BE NOT AFRAID OF HIM
BEFORE I BE TAKEN AWAY
CALLED ALL ELDERS OF THE LAND
CAST MANTLE UPON HIM
CHARIOT OF FIRE
CONSUMED HIM AND HIS FIFTY
DID AS JEZEBEL HAD WRITTEN
DOGS SHALL EAT JEZEBEL
DOUBLE PORTION
ELIJAH THE TISHBITE
ELISHA WENT AFTER ELIJAH
FIRE COME DOWN FROM HEAVEN
GREAT STRONG WIND
HAND OF THE LORD
HORSES OF FIRE
I ONLY AM LEFT
IF THOU SEE ME WHEN
I AM TAKEN
INTO HEAVEN BY A WHIRLWIND
IS IT NOT BECAUSE THERE
IS NOT A GOD IN ISRAEL
IT IS ELIJAH
IT SHALL BE SO
JEALOUS FOR THE LORD GOD
JERICHO
JORDAN
LEFT ME SEVEN THOUSAND
LORD NOT IN WIND
LORD PASSED BY
LORD WOULD TAKE ELIJAH
MADE ISRAEL TO SIN
NOT IN EARTHQUAKE
NOT IN THE FIRE

PARTED ASUNDER
PEOPLE FELL ON FACES
RENT MOUNTAINS
SHALL NOT BE DEW OR RAIN
SLAIN THY PROPHETS
STOOD BY THE BANK OF JORDAN
THOU MAN OF GOD
TWELVE STONES
TWO WENT ON DRY GROUND
WENT FOR HIS LIFE
WENT SOFTLY
WHAT DOEST THOU HERE ELIJAH
WILDERNESS OF DAMASCUS
WRAPPED FACE IN MANTLE
YOKE OF OXEN

PUZZLE #36 ELIJAH (PART 2)

```
J E A L O U S F O R T H E L O R D G O D I S L O V E Y S L S
S L A I N T H Y P R O P H E T S T H O N R N I D E Y N U E T
T I S H B O Y T F I F S I H D N A M I H D E M U S N O C A O
O J R A M E E H T R O F O D L L A H S I T A H W K S A S R O
A H E V B E N O T A F R A I D O F H I M R I L I N I N M I B
R T W O W E N T F O R H I S L I F E L Y E L N O O R A A N Y
S H I I O R A R A N V I T A I N E O A L G Y L I W N L D I T
H E C R I E D U N T O T H E L O R D T I N L E H N E E F D H
L T D A V D G L I O V A O L A D O N R J E I F O D T H O O E
A I E O E O I Y N L B H R A N R A I I F S N T Y N T T S G B
E S K N G I N S G F N E E O O M L N E R S O M L I I F S A A
R H S I R F A I A U D L T N N I I L N E E J E I W R O E T N
K B H R I U O S O N O I I I K S P E O I M U S N L W S N O K
A I A S T N T N U A N R E V O O S A F N E D E E R D R R N O
Y T L T E E G S A W I C V T E F E R E D H A V K I A E E S F
O E D E D N A N I M A K L P Y L T F O S T N E W H H D D I J
F L I N A D O N I F U E I E L O R I L L T A N H W L L L E O
A I E I H D T D H A O S T E W I S I E R T I A E E I R R
R N R T L E A E S R T R H I I E O R P M E E H N Y B L W E D
O A R E I L P N S E Y D O T N S N E A O M I O L B E L O H A
N A T V C P I I D L V D R O L O E M R A E H U E N Z A R T N
P H W S A O E C I O V L L A M S L L I T S A S R E E D I E D
R T O R A D M R C S F I E R H I A E I H I V A V V J E N S E
A E W W A C O E L A I T N W A D I A A J R I N I A S L A U R
D R E M H I B D D F S O H L T C E L T Z A H D D E A L V A L
O I N E O A N A E O O T T E H T L K H I A H L T H D A I C O
L J T A Y L T O H T W I M A L N F A S J V H I R O I C H E B
C E O S A O E D Y A I N R A O O J E I A I R T A T D S O B E
G S N T H N V O O D J I F T N I R L L R O N A N N A R T F
A U D R O A O G D E O I B R L T E D E M O L O I I R Y U O O
B S R O K H L A R T S E L E O R L E A I A T N A R O E O N R
A I Y N C I Y L O E D T E E M R E T N I Y T V K L N E T E
N S G I L H E F B E A K T T O I H R U N E N L E I K A I I
L O R L E O F R W E A T F H F T O E E P U D O N D R O R S B
O E O S A I O O I T S A S E O P N A A O O F R O U C E I E
J O U T R A R Z D A T O H T E U R U M V O N I L L I R V A T
E E N E L R A L I N I T G L R T H T D X E U H Y O I S E N A
V R D N A E U E E O N N B A H O N E E I V N E I F O A V C K
O A I I N O L W R I I U R Q Y E N N R L A A L F M E L H A E
I L N V W T A T T D O R U U R R E G E X S O I I N I U L N
J I O D A H L O R D P A S S E D B Y W S E S L K N I V D I A
U O R O S I N O E O K V K E L E R E A I E L R E I A N A J W
V O R I T N C N A E R I L L A L A N I S N E I U G D O J H A
L L L D E C O A L L I N Y A M N N A R O I D U J R N R L A Y
I E A E A O D C I V N D E N S A O O N R S Y N S A O A I D R
N R V N E N N E K A T M A I N E H W E M E E S U O H T F I M
```

And it came to pass, as they still went on, and talked, that, behold, there appeared a chariot of fire, and horses of fire, and parted them both asunder; and elijah went up by a whirlwind into heaven. (2 KINGS 2:11)

PUZZLE #37 AHAB, JEZEBEL, BENHADAD AND…

these people, places and happenings can be found in 1Kings.

A LION SHALL SLAY THEE
ABELMEHOLAH
AHAB, KING OF ISRAEL
AHABS COVENANT
WITH BENHADAD
BENHADAD ESCAPED
BEFORE THE LORD
BETWEEN JOINTS OF
THE HARNESS
BOWED TO GROUND
BY WALL OF JEZREEL
DID EVIL
DIE IN THE FIELD
DOGS SHALL LICK THY BLOOD
DOTH REST ON ELISHA
ELISHA MINISTERED TO ELIJAH
ENQUIRE OF BAALZEBUB
FALL AT RAMOTH GILEAD
FELL ON HIS KNEES
FIGHT IN THE PLAIN
FOLLOWING IDOLS
FOWLS SHALL EAT
GOD OF HILLS
GONE DOWN TO POSSESS IT
HAST THOU SEEN THIS
GREAT MULTITUDE
HAVE NO MASTER
HIGH PLACES NOT TAKEN AWAY
HOREB, THE MOUNT OF GOD
HUMBLETH HIMSELF
I DENIED HIM NOT
INNER CHAMBER
IVORY HOUSE
KING JEHOSHAPHAT
KING OVER ISRAEL
KING OVER SYRIA
LET HIM BE GOD
LORD DELIVERED TO
LYING SPIRIT
MAN SEEKETH MISCHIEF
MICAIAH, SON OF IMLAH

MOAB REBELLED
NABOTH DIED
NAME OF LORD
NOT COME FROM THAT BED
NOT GOD OF VALLEYS
OBADIAH
PERSUADE AHAB
PLACE WHERE DOGS LICKED
POOL OF SAMARIA
PROVOKED ME TO ANGER
PUT MACAIAH IN PRISON
REMNANT OF SODOMITES
SLEW SYRIANS WITH A
GREAT SLAUGHTER
SMITE ME, I PRAY THEE
SMOTE THE KING
SOLD THYSELF TO WORK EVIL
SPIRIT OF ELIJAH
STONE HIM
SURELY STRONGER
SYRIANS FILLED COUNTRY
THE BLOOD OF NABOTH
THE HOST OF HEAVEN
THE LORD HEARD
THE REST FLED
THE THIRD FIFTY
THROWN DOWN THINE ALTARS
THY POSTERITY
THY SPIRIT BE UPON ME
TOOK MANTLE AND
SMOTE THE WATERS
TWO LITTLE FLOCKS OF KIDS
WALL FELL
WENT INTO BATTLE
YOUNG MEN OF THE PRINCES
ZEDEKIAH

```
S O E D O G S S H A L L L I C K T H Y B L O O D R I N E D N
U T E R I T I L E V E I O H A J I L E F O T I R I P S O I T
J D H I D H S I D I D E V I L E F N R O A I R O T R O A E H
B E T W E E N J O I N T S O F T H E H A R N E S S I L V I E
E R Y N N T E O V X F R H R R A H W L R N P N M O P A I N L
N E A A I H R R T E R O A Y D Y A Y A L O A I T E L S N T O
I V L M E I V I L L S A W A S L H L P O O T S H N E I U H R
T I S E D R O V A L I R D L L P E O L O E N T O C N D N E D
O L L O H D I E L A O F R F S A I O U M S N H N R A A M F H
M E L F I F L I I U S I E E R S F R E S I T I I E R N I I E
A D A L M I H O S C E L T S G S H I I T E R E L S A C G E A
O D H O N F O T A Y L V I I A N P A H T P O I R N K O R L R
E R S R O T H P V O R R V M E R A G L E B G N T I N N O D D
S O N D T Y E A I N E I A V A I I O H L H E O A E T A E O H
T L O N R D D R L V N R A Y N F E T T T E F U D R R Y B E A
A G I A I R I E O O I E T N I E F B O E S A O P B I E R R S
V H L H E O S G L A H H G O S O L M A O M W T U O F R O I T
R O A A T N N L R F E E I D N F A T D H N D B I O N I O S T
E N O B C I I O O E T V M E E R I O T T A E E R D O M L A H
T I I S K S R T U D E S M L T L M L O A Z E E K F R O E Y O
H E N C R I S R K R I G E A E I L P L L B T D E O M E A U U
G S T O O O N I C T N G L R T B O E A E H O I A L V W V P S
U T A V H F I G I U G L N E E S A A B E D H T C U A O L Y E
A P D E I D H T O B A N S I S H B S L E C C R N N S A R S E
L U H N N A T Y H F R O O E W F T O R S R O O E I C R O P N
S T O A N D A L A R I I S N O O R R I I I B K U E T L E H T
T M R N E E H I L I T S T E N D L M S T T A A W N D N A P H
A I E T R B P O M G I T R E R I H L H W T R H O T T I E U I
E C B W C T A N I T V I H A F T A E O T O E I H M K R M W S
R A T I H A H O F R U I I R E T B L O F R T Y I E E B Y H G
G I H T A H S F O Q M U N K C L I N H E L S Z D R L O A I R
A A E H M T O J N B A R E O O T S R D A E I E O E E V R D E
H H M B B M H E O R O E I O T E T O I L I Z O T I E I S O A
T I O E E O E L S I S W D L C G G S F P A D H R N R G U T T
I N U N R R J O H N I O E A O S O T A I S H A O L Z N R H M
W P N H L F G R A O F F L D L O O D R S I G M B R E I E R U
S R T A O E N M I N L P A I T W L Y O M N A N H O J K L E L
N I O D E M I I A O H I C N O O S I S F S R I I N F E Y S T
A S F A R O K B C G R K I R E R G E T T V Z R C Y O H S T I
I O G D K C O K I A E C K O E I L R E R O A A H E L T T O T
R N O W T T S H M D I E N V F F O R O I R S L E N L E R N U
Y E D A H O R V O R V R O I O L R O R U I T O L A A T O E D
S R R S F N I L Y I A G R L N O A I T O N I V R E W O N L E
W A A K O R L O L N N L E T H I M B E G O D E N A Y M G I R
E L I S H A M I N I S T E R E D T O E L I J A H O B S E S O
L D V E E Y I L K S R A T L A E N I H T N W O D N W O R H T
S R E T A W E H T E T O M S D N A E L T N A M K O O T S A X
```

But there was none like unto Ahab, which did sell himself to work wickedness in the sight of the Lord, whom Jezebel his wife stirred up. (1Kings 21:25)

PUZZLE #38 ELISHA (PART 1)

The words below describe Elisha, the prophet. Search for them in the puzzle.

A POT FULL OF OIL
AND LEFT THEREOF
ANSWER HIM NOT
AS THE LORD LIVETH
AS THY SOUL LIVETH
AS WHITE AS SNOW
AXE HEAD FELL
BOWED HERSELF
BOWED HIMSELF
BUT A LIGHT THING
CAREFUL FOR US
CAST MEAL IN POT
CAST SALT IN THERE
CHILD NOT AWAKE
CHILDREN MOCKED
ELIJAHS MANTLE
ELISHA DIVIDES JORDAN
ELISHA PRAYED
ELISHA, SON OF SHAPHAT
FELL AT HIS FEET
FLESH WAXED WARM
GEHAZI, A LEPER
GEHAZI, HIS SERVANT
GO NOT
GO WASH IN JORDAN
GREAT WOMAN OF SHUNEM
HATH NO CHILD
HE WAS CLEAN
HER HUSBAND IS OLD
HER SOUL IS VEXED
HOLY MAN OF GOD
I WILL NOT LEAVE THEE
IRON DID SWIM
JERICHO
KINGS WENT TO ELISHA
LAID ON BED
LAID UPON CHILD
LITTLE CHAMBER
LIVE OF THE REST
LORD HID IT FROM ME
MOAB, TO THE SPOIL

MOUNT CARMEL
MY FATHER
MY HEAD, MY HEAD
NAAMAN WAS A LEPER
NAAMAN WAS WROTH
NO GOD BUT IN ISRAEL
NOR SACRIFICE UNTO
OTHER GODS
NOT SEE WIND OR RAIN
PAY THY DEBT
POUR INTO ALL THOSE VESSELS
RENT IN TWO PIECES
SALUTE HIM NOT
SAT ON KNEES
SEETHE POTTAGE
SELL THE OIL
SHUT THE DOOR
SNEEZED SEVEN TIMES
SPIRIT OF ELIJAH RESTS ON ELISHA
SPRING OF WATER
TAKE MY STAFF
TAKE UP THY SON
THERE IS A PROPHET IN ISRAEL
THEY SHALL EAT
THEY TWO WENT ON
THOU SHALT EMBRACE A SON
THUS SAITH THE LORD
TIL NOON
VALLEY FILLED WITH WATER
VALLEY FULL OF DITCHES
WATERS HEALED TO THIS DAY
WHAT IS TO BE DONE FOR THEE
WORD OF THE LORD

PUZZLE #38 ELISHA (PART 1)

```
R O L I V E O F T H E R E S T O R F L E S M I H D E W O B E
H T H N A V L R A V R S E M I T N E V E S D E Z E E N S L A
I V E R L I R E T A W H T I W D E L L I F Y E L L A V I O N
A H S I L E N O S T S E R H A J I L E F O T I R I P S N O A
A E O S E O S A T O N K N E E S T I L O S A N I V H O T S C
T K M A Y S R L E R K O Q B R H I E I E L S E D A G N W A G
M A I O F T A D T L I F U R E I S V E L E K L D O E H R E I
N W E L U A I I H K C T E O H H O T R C T I I D W I E H V D
I A R L L N N B G I A S I T W L H R E I H V B O T F A A E E
C T O O L I T O O L D L A A O E A I S C I U W E U Z D Y E K
R O S N O A O C I W L I X W P R P L N D T T A L I O A E H C
O N H E F T H G A J E E T O E O S O E I Y S F A N R R N T O
N D E A D O H S E R D D T F W H P S N E S O L R P A O D E M
I L L B I T H R Y W M T H T R U J I H N R E O A R Z S R V N
T I A O T I I I A E A E N E D O S T O U P R H T D I T O A E
O H R H C C L R R G H I L I R R M W S E T S A H I V I L E R
N C I N H L M O E O T T A D A S O M R V I T L I E E X E L D
O N G O E O A N N N R L A E V A E L E L V N H L S L N H T L
G I O R S U N E E T O N L N I P V L E I O E O E I A A T O I
A S T H E L O R D L I V E T H O I I F H C M I V D S D F N H
R N A A M A N W A S W R O T H T L O I T T I R A E O R O L C
I P R L R M T A T A H P A H S F O N O S A H S I L E O D L O
S O L E U I R W R R A O V O L U D U N L R O T S I V J R I S
T U E H P T I A O Y S V I V I L R A R I I V L I V I N O W D
A R A E O E E Y T M H I N R P L A V E S S I E R A L I W I O
V I R R T L L H N T A N E I H O F O V H T L V I N S H T N G
E N S H O A Y A I O T N O D O F I E A T Y A A C S O S A I R
E T I U F D T M S M S T O O F O R N L A E M R K C N A U T E
H O N S E H N I A A N A R F N I I E D L V I D I I S W A H H
T A I B L T A V L N W O E I S L C S T I A D I A R I O T E T
R L T A I E V E I M O N T C T H I A I A L T R K E N G R A O
O L E N J V R R V O O F A A A H U T S S W R H C V H R I R O
F T H D A I E O O F T A G M T R R N T T O F A I E A Y V S T
E H P I H L S N R T O T B O A I B O E D M S O R S L A M E N
N O O S S L S A I E V E T T D A I M N M T E S G I F Y E N U
O S R O M U I L N I R D R I O N N I E S D O A A N F E X A F
D E P L A O H R S S E R O E O T W D A T U E N L A I F E Y C
E V A D N S I I O L W I N S H E H L L L R B T I F R L T I
B E S E T Y Z S A N I E Y H E T T E I I K A H N A N I P I F
O S I R L H A E V A D H R S R I T S S U H E H T O I P R S I
T S E V E T H R R R T I T H N N V F H P R C S S T D N O O R
S E R I O S E O L P H O D T I E E R E R O Y O T U R I D T C
I L E S R A G L U E N T H S X M I O K L M I R N V O L A A A
T S H E I L O E P S I E I E W O N M I E D O L U H S H S L S
A N T N A O K N I T R V D L E I K O K V I N I K N T A T I R
H A I T R A X E H E A D F E L L M A T O N I A R S I A N R O
W H O H T R A V I A H S I L E O T T N E W S G N I K R H I N
```

And he returned back from him, and took a yoke of oxen, and slew them, and boiled their flesh with the instruments of the oxen, and gave unto the people, and they did eat. Then he arose, and went after Elijah, and ministered unto him. (1 Kings 19:21)

PUZZLE #39 ELISHA (PART 2)

The words below describe Elisha, the prophet. Search for them in the puzzle.

A SHEKEL
ACCORDING TO THE SAYING
ARROW OF DELIVERANCE
AVENGE SERVANTS
BENHADAD WAS SICK
BOILED MY SON
BOX OF OIL
CURSED WOMAN
DIPPED IN WATER
DOTHAN
ELISHA DIED
ELISHA FALLEN SICK
ELISHA REFUSED
FAME IN SHUNEM
FLEE AND TARRY NOT
FOUR LEPROUS MEN
GATE OF SAMARIA
GO AND SEE
GO AND SPY
GO IN PEACE
GROUND BARREN
HAND OF LORD CAME UPON HIM
HAND OF JEZEBEL
HAZAEL REIGNED
HE DIED IN THE GATE
HE SHALL SURELY DIE
HEAD OF ELISHA
HORSES AND CHARIOTS OF FIRE
HOUSE OF RIMMON
I KNOW THE EVIL THOU WILT DO
IS IT A TIME TO RECEIVE
JEHU IS KING
JOASH WEPT
LORD ANOINTED KING
LORD, OPEN HIS EYES
LORD PARDON THY SERVANT
LORD, SMITE WITH BLINDNESS
LORD SMOTE THEM
MEASURE OF FINE FLOUR
MINSTREL PLAYED
NOISE OF A GREAT HOST

NOISE OF CHARIOTS
NOISE OF HORSES
PEOPLE TRODE UPON HIM
POUR IT ON HIS HEAD
SEER
SERVANTS BLOOD
SEVEN YEARS
SHALT NOT EAT THEREOF
SHALT SMITE HOUSE OF AHAB
SHE HID HER SON
SMITE GROUND
SMOTE THRICE
SO THAT HE DIED
SPREAD ON FACE
TAKE A BLESSING
THICK CLOTH
THOU MAYEST RECOVER
THOU SHALT SEE IT
TWO MEASURES OF BARLEY
TWO TALENTS OF SILVER
WENT NO WHITHER
WHAT PEACE
WHOREDOMS AND WITCHCRAFT
WHY WEEPETH MY LORD

PUZZLE #39 ELISHA (PART 2)

```
M A L O R D S M I T E W I T H B L I N D N E S S F O R A L M
A I I V G I I O H R H T A H G R R L E R O V H T L R A O I E
R L N E I R K I A A O I I N E A I O S I V A O A A I R H O N
I A S S H N C L T L R H I E R D E N T V L L T R J D N A T U
S Z U I T K R P O A I K S E N E I H E T I I I O A O O M R H
T I F K C R E R M O S C R R I S O E N N A R A N P N I E I S
I N I L I A E A S I T E E D T U S O D O N S O U R Y S R E N
N E O R C C S L U R H R Y A M F T R E I H I E R E A T V S I
O T R E E F T H P T I L K A O E R I R W N M W L N P E E T E
H S H N O L E E I L E E Y S A R I S E T A T R I I N R R O M
O O I E R J R H L R A E I T R A V P E C O A H V Y V I N R A
R L T V N D W O U B S Y T C D H T D D I B S G E A E O I V F
A A O O S O A S L T T H E E I S K R I F L T A N G S N S A A
G E N R N E L E R O E A N D C I O E O C I R T A Y A A T G I
E V E T D L S E H R N G A U N L S S E A S S I M I L T R E L
B N N I A S C R E S I I R G F E E T K C B L D I L I P E N Y
I E I H I O M O O E I S R O K R N I N L A E O C E E O V T P
W R S N V N F O R H E H D E U C A R O A L F L O O N R I O R
A E G E L I L L T D F N N S V N I O E I V O N P R K I N S I
H O R O E A E E W E A O A O S L D S O T E R L O A C V O I N
T S I L I A R O B H T E E T T R I B N R A E E C D R E L P G
I F E R Z N M R R E M H O S O I E S A E T W C S I A S A E O
M I A A O A P I O O Z I E L I N R N F R L O N T E L E R E R
E S H R N C R E W W R E Y M H O O U O O R L I I R G I R R I
A A M S C R I T A A O M J A A I N D O D S E A R D F N W P T
S N I I K H N K H C H F D F N S E R I P L T N F F E G E O S
U R O H T T C C N T E A D E O U L N R O O O N O A D P R V S
R E S S O E F T E O D I M E P D G I S T M N S E G H R P O A
E N E I R O G P I W W S A O L T N E N M E T I L L R S T I V
O D S V E E E R A W U T N R O I Y A I N O O T A R A H I B D
F O S S I E H S O O D H H T I E V R H I T I U R I A T L L I
F R I O W E S D R U I N H E S R F E R R E S A I T N I O L E
I O L Y F I C P I M N E A I E O O A R E G M T H E C V V W N
N E H I C L E E D H S D H S E V H S S A H Y E G S I O E W T
E W L K O L E R R A E N Y S M C I T I E N D O E I K L I I O
F L A I R F L E Y O E H U U D O L L A V I C C R N C I S S E
L I V U S O O I A P T O S N I A D D T E V I E I O E N G F A
O C O L T H N X O N H E A A H R O E D H R R L D R N A O O S
U F L Y E G A D O A D S M S O F P O R H O G O A N D S E E H
R O T S L A R D N B E T U I E S T N T O O U A I I R R D E N
I L A T I O R I I S O O A L T H I E K A H A W F V I Z L H I
S L E E L A I X R E H R I R A A T I N R I W R I O S I O T E
N A I K P I L O L T D S L N R O T D A D T N I N L E E V L R
X Y F D E S H R L R H I O O M Y S I C I H L G T A T S E E F
A N R E N H T V A A R L V S A P N A S T O O H L X O D I S A
N O E R A I S I N V I K R E Y L O O V I L V S O R R I O O C
L K N O L E B A H A F O E S U O H E T I M S T L A H S I K N
```

And Elisha died, and they buried him. And the bands of the Moabites invaded the land at the coming in of the year. (2 Kings 13:20)

PUZZLE #40 EZRA

The words below describe Ezra the prophet. Search for them in the puzzle.

ABOMINATIONS
ACCORDING TO LORD
GOD UPON HIM
AFFINITY
AFFLICT OURSELVES BEFORE GOD
AFTER WILL OF YOUR GOD
AGAINST THEM THAT
FORSAKE HIM
ARTAXERXES DECREE
ARTAXERXES, KING OF PERSIA
ASHAMED AND BLUSH
ASTONIED
BEAUTIFY HOUSE OF LORD
BURNT OFFERING
CAPTIVITY
CASTING SELF DOWN
CHOIR
CONFUSION OF FACE
DELIVERED TO
DOING ABOMINATIONS
EXAMINE THE MATTER
EZRA PREPARED HIS HEART
EZRA, SON OF SERAIAH
FASTED, BESOUGHT GOD
FELL UPON MY KNEES
FIRST DAY
FIRST MONTH
FROM LORD OUR GOD
GIVEN DAILY WITHOUT FAIL
GOOD HAND OF HIS GOD
GRACE SHEWED
GREAT ASSEMBLY
HABITATION IN JERUSALEM
HAND OF LORD UPON
HE WAS INTREATED
HOLY SEED HAVE MINGLED
HOUSE OF YOUR GOD
IN OUR BONDAGE
KINGS OF LAND
LIGHTEN OUR EYES
MADE ISRAEL SWEAR

NAIL IN HIS HOLY PLACE
NOT FORSAKEN US
OFFERED SACRIFICES
OUR FATHERS
PEOPLE WEPT
POWER AND WRATH
PRAYED AND CONFESSED
PROCLAIMED A FAST
PUT AWAY WIVES
READY SCRIBE
REMNANT TO ESCAPE
RENT MY GARMENT
REPAIR DESOLATION
RIGHT WAY FOR US
SALT WITHOUT PRESCRIBING
HOW MUCH
SEVENTH YEAR
SILVER GOLD AND VESSELS
SOME HAD CHILDREN
SPREAD MY HANDS
STATUTES AND JUDGMENTS
STRANGE WIVES
SUCH AS ARE BORN
TENTH MONTH
THE SWORD
THEY SWARE
THIS EZRA
THIS TRESPASS
TO SEEK LAW OF LORD
TO TEACH IN ISRAEL
UNTO THE LORD
WEEPING
WHATSOEVER SEEM GOOD
YE ARE HOLY

PUZZLE #40 EZRA

```
A F F L I C T O U R S E L V E S B E F O R E G O D I J A R H
R I O A F R Y F S L E S S E V D N A D L O G R E V L I S A A
A R S G A I R T T B L K D R N O I V R E V L A R Z E S I H T
I O F R R X E E I O A I S O E V L O Y N I A T I O S A T N O
O P R I E A A R X N H T V N G I P H T A R W D N A R E W O P
P Q I F R P C I A T O X I I A R S I H D T O I A E P P H T I
N U N T T S F E N W R U A H O A U E A T E V O S N V L I F N
S I D O Y O T O S I S R R C T D R O V H N R F T C I R N O W
O T O D P T M D G H U Y L B R I E L Y E A O E E K B A K R O
A N A K A T I I A N E A E R O P V A E F N I M V L A Y E S D
N E K T S G N V T Y I W N H A N I V A O O T A H I D V L A F
R O L R U R A O I M N K E C T A D E S N C L H A T L I O K L
I L I O V T T I E T I N S D I Y E A R E H O L Y O N E N E E
G F V N I H E D N N P E A E V I R N G L A H C I E K E D N S
O N E I E O A S G S O A T S X Z D C L E R I Y N W A N T U G
S I I L J F I S A T T N C H E R O O I C L C T L A R R S S N
E A O R A O A T N E T A T O T E A C H I N I S R A E L T I
L R L S E F N N O M D N H L E E S X B R O A L O T V S T O T
D O T T L F A K R R D J F E L C D E A O F U O V I S V T F S
R U I A W N F A D O F O U H M O A O Y T M V R W N O A R O A
I B N V M I G O F O W H E D I T L F U E R I Y F G L P E F C
B D G E O Y T L T A O W O N G I H O F N R A N O A Z K A R S
O E R N M A O H L N A G G L H M H A A O W U I A A T S V E T
N R A T Y R V K O S R A M I Y T E Q T A N T O C T T H E N H
Y T N U D T E G I U B U S E I S I N T F H O C N E I N E S A
Z E X U T E N N O O T U B W E I E U T A O O I D E K O U R C
R N P W S I T Y M L R P Y O R S P E B S R R B S Y T L N A S
I O E O P R F I Y O T L R F D E R I D D I E S M U B H I S E
N V T E O N Y F R I R S E E O T E I H S N N A D F D G X R
Q E E A E A P Y H A K D A R S A G N V O A O R N K U N A I M
U W T S T C A R D O N I C E T C G S U E P V A C S E M O A L
D E U I N W A N A A U E R I H T R G I U O D E E A I H D C I
D O O V T O E L H Y D S O N O S H I L H E S C M N C E I R O
H N G H O V I Y P S E N E L E T I L B M F I T E I I R R M N
S N G R I A M T E Y I D O O G R E H A I F O T A S N Y L I J
O I R G U D S X A N L R A O F F D H D I N H D R H L G S N U
R C I O A O R S J L D O D N I L S L R E E G A N B W T L O D
A O V E B E D E A G O R H T D A O C I M R E H M A R A E E A
K F R N X E R R O P O S P S O C A R A H L A E O A H L A R D
D P F A O U R D O W S E E I I S O T D S C S P N W A D N V L
S E T I S K U A S L W E V D D H T N W T S D G E A M R O I I
T R I A N P C E S E M V R E R E N E F A T E A C R K U K O R
A S L N O I H V L A I O R T R I A I T E W L N H F P N C G G
N E O N O T T P I S H E R O S R A A L I S I A A E A A A H O
M L H E R T O Y G E F C O F L I E P V I R S R T R M L R A T
O I E R I E S N A F R A U A U R H E E O A Q E I A T O I Z S
M G V T P N E A O T E T X S G O S T I R E N O D R Y E S I E
```

And thou, Ezra, after the wisdom of thy god, that is in thine hand, set magistrates and judges, which may judge all the people that are beyond the river, all such as know the laws of thy God; and teach ye them that know them not. (Ezra 7:25)

PUZZLE #41 NEHEMIAH...

find the following words that describe the prophet.

ADVERSARIES
ALL WEPT
APPOINTED GOVERNOR
ARMORY
ARTAXEREXES
AS IT IS WRITTEN
BONDAGE
CAST LOTS
CAUSE WORK TO CEASE
CAUSED TO UNDERSTAND
CONFESSED THEIR SINS
CONSPIRED TO HINDER IT
DEDICATION OF THE
WALL OF JERUSALEM
DESPISED US
DRINK THE SWEET
DUNG GATE
EAT THE FAT
EVERY ONE UNTO HIS CITY
FIRST BORN
FIRST FRUITS
FISH GATE
FOURTH PART
GATES BURNED
GOD EXALTED ABOVE ALL
BLESSING AND PRAISE
GOOD HAND OF MY GOD
GREAT AFFLICTION
AND REPROACH
GREAT AND TERRIBLE GOD
GREAT MIRTH
HORSE GATE
JUDAH BROUGHT TITHES
KINGS FOREST
KINGS GARDEN
LAND OF JUDAH
LAUGHED US TO SCORN
LEAVE OFF THIS USURY
LETTERS
LEVITES
MADE BOOTHS

MOCKED JEWS
MORTGAGES
NEHEMIAH
OLIVEYARDS
POOL OF SILOAH
PROMISE
PURIFIED
RECKONED BY GENEALOGY
REDEEMED
REJOICED WITH GREAT JOY
RESTORE LAND
SAD COUNTENANCE
SCATTER ABROAD
SEED SEPARATED
SET A WATCH
SET THE PEOPLE
SHEEP GATE
STOOD UP
VALLEY GATE
VINEYARDS
WATER GATE
WORDS OF LAW

PUZZLE #41 NEHEMIAH

Remember me, O My God, concerning this also, and spare me according to the greatness of thy mercy. (Nehemiah 13:22)

PUZZLE #42 ESTHER & MORDECAI (PART 1)

find the following words in the puzzle that describe their lives.

ABOVE ALL WOMEN
ALL JEWS
BEDS OF GOLD AND SILVER
BEFORE THE KINGS GATE
BEST PLACE
BIGTHAN AND TERESH
BOTH HANGED
BOWED AND REVERENCED
CHARGED HER
CUSTODY OF HEGE
DAUGHTER OF ABIHAIL
DAYS OF AHASUERUS
DESTROY, KILL AND
CAUSE TO PERISH
DO AS SEEMETH GOOD
ESTHERS FEAST
ESTHERS MAIDS
EXCEEDINGLY GRIEVED
FAIR AND BEAUTIFUL
FAST FOR ME
FASTING
FOR HER PEOPLE
GLORIOUS KINGDOM
GOLDEN SCEPTER
GRACE AND FAVOR
HAMAN FULL OF WRATH
HAMAN, THE JEWS ENEMY
IN ONE DAY
IN THE NAME OF THE KING
INQUISITION WAS MADE
INTO INNER COURT
KEEPER OF THE WOMEN
KING VERY WROTH
KINGS RING, TO HAMAN
KNOWN TO MORDECAI
THE BENJAMITE
LET IT BE WRITTEN
MADE A FEAST
MADE HER QUEEN
MAKE SUPPLICATION
MORDECAI BOWED NOT

MORDECAI TOLD ESTHER
MORDECAI TOOK FOR
HIS OWN DAUGHTER
NOR DID HIM REVERENCE
OIL OF MYRRH
PROMOTED HAMAN
PURIFYING WOMEN
QUEEN ESTHER
QUEEN INSTEAD OF VASHTI
QUEEN VASHTI
RENT HIS CLOTHES
ROYAL WINE
SACKCLOTH WITH ASHES
SEVEN PRINCES
SIX MONTHS
SOUGHT TO DESTROY JEWS
SUSHAN WAS PERPLEXED
TEN THOUSAND
TALENTS OF SILVER
THE KING LOVED ESTHER
THREE DAYS
VIRGINS GATHERED
WAILING
WEEPING
WORD OF MEMUCAN

```
M A K E G R T N E T T I R W E B T I T E L A T S E R T H S E
O O T I N E M O W G N I Y F I R U P O T B O H L N V E S T S
R E R E N O Y V A S T H I G V A H F S E S T O A H E A I O T
D E N D T G A H A M A N T H E J E W S E N E M Y R C M N T H
E U U O E V A S L S H O L E V E T H O Q G V E U A O O E R
C Q F Y T C L E T N A E I S A J P O M S N O T R J O Y N U N
A U U H K J A K R N A N W O L L F X T I H P I N G N I E N E
I O S E O F C I A Y O M I L A M I C K S E O E T N A L D O D
T R A T E A M N B S W F A C N S K E A C N B N E I O D A A A
O V S O C N D O I O R E H F N H V S U E A T N T R E Y T M
O A M E N T E P D F W H O O O T Y N A H C B A I S I S N E S
K H A N E K S S A G O E T T F T E R T O N O H W A O T A R A
F I D R R T H O T I N U D O H D G I G O C T I L F E R S E W
O T E O E A D E N H S I E N L J A N H S R H X A M N O R T N
R S A V V L I O G T E M K O O C I K I L E H H Y P C Y A M O
H E F A E S V N L A A R G S E T S Y W R R A E O Q H K V A I
I I E F R A I I O N M I N D U F H I O E S N V R U O I D D T
S T A D M L N S E T H P R N S O X N H U U G U T A R L A E I
O H S N I T E H N E A O M E E P I T E T H E N S G I L U H S
W S T A H E T A U C M T V M Q N S R A Q N D T I N R A G E I
N A W E D N S Q K O A E R T E E U N O E U E N U K E N H R U
D V E C I G U E T E N O G M D S D R L L V S R S M V D T Q Q
A F O A D E T N O P F I O E P A W P E T G E U O A L C E U N
U O N R R D W T R T U W V R R F O S R A E S R U H I A R E I
G D T G O O O I S C L O O G O E T E T O H D T G N S U O E S
H A R H N F N A O L L M F A P H O H L A E N A H E D S F N T
T E I K S C F V A G O B T R E N E T N C S I E T M N E A E H
E T C N E A O E N T F O E R N R O W A R I V N T O A T B X S
R S A S T A V I E H W H S A E W A I E V L E M O W D O I C A
A N M H S O K D A F R M T D R S T B N E M A P D E L P H E V
T I S I B E H N O O A H N A P O O F T O K W N E H O E A E X
O N N A H A H E F I T S V E L W F A W E S A M S T G R I D O
D E G T M V I S D R H A R D E U G I S T C E I T F F I L I G
O E C A O O A S A T S P E D Q S F U R U N S E R O O S E N H
O U N W B I H V L H L S A N G I P I M A R V N O R S H I G T
G Q R O C L N D T E T N U N Q P T E T S E I J Y E D P O L S
H U E K J O C N X H D I I T L U M S H U C O O J P E L E Y A
T Y H Q O F H E R C K W I N F E I A H A N R E E B A A G N
E Z D U L M D R E R E O C H O Z L E G E B E U W E M D O R I
M O E I Y S V N H C A V D T V E R N N F T B S K E S V I I
E P G Y M R E I T E T O R E F O G O R V W S E D E H T R E A
E I R S O R A E S I F O U X L E L S A V A O R R N V E H V U
S N A P E H R T O H W L E R O V A C R O F S H E T A L A E G
S O H N T O U N V R O B T H T S A V K A K T H S H S R G D T
A P C S F W L E G E H F O Y D O T S U C N V O T O T A I S H
O E I E O I A W O F E P F U I Y N C R L A E V N I E S N A Y
D N B R E V L I S F O S T N E L A T D N A S U O H T N E T F
```

And the king loved Esther above all the women, and she obtained grace and favor in his sight more than all the virgins; so that he set the royal crown upon her head and made her queen instead of Vashti. (Esther 2:17)

PUZZLE #43 ESTHER & MORDECAI (PART 2)

find the following words in the puzzle.

A FEAST AND A GOOD DAY
AND CAUSE TO PERISH
AND MY PEOPLE
AT MY REQUEST
CROWN ROYAL
DECREE DREW NEAR
DECREE OF ESTHER
DELIGHTETH TO HONOR
DESTROY, SLAY
DID WHAT THEY WOULD TO
THOSE WHO HATED THEM
DO TO MORDECAI
DO TOMORROW ALSO
ESTHERS BANQUET
FEAR OF JEWS
FEAST OF PURIM
FIVE HUNDRED
FOUND WRITTEN
GALLOWS PREPARED
GLADNESS, JOY AND HONOR
HALF KINGDOM
HAMAN BOASTS
HAMAN WAS AFRAID
HANGED HAMAN
HANGED HAMANS TEN SONS
HARBONAN
IF I PERISH, I PERISH
IT SHALL BE DONE
JEWS GATHERED
JEWS HAD A LIGHT
JEWS HAD RULED
JEWS SMOTE ENEMIES
KING COULD NOT SLEEP
LAID NOT THEIR HANDS
ON THE PREY
MAKE REQUEST
MANY BECAME JEWS
MORDECAI IN ROYAL APPAREL
MORDECAI WAS GREAT
MY LIFE
NO MAN COULD

WITHSTAND THEM
NOTHING DONE FOR HIM
PUT HIM TO DEATH
READY TO AVENGE
ROYAL APPAREL
SEED OF JEWS
SEEKING WEALTH OF HIS PEOPLE
SENDING PORTIONS
SEVENTY FIVE THOUSAND FOES
SHALL BE DESTROYED
SHALL BE GRANTED
SOUGHT THEIR HURT
SPEAKING PEACE
SPOIL, FOR A PREY
THAT DURST PRESUME
THE HORSE, KING RIDETH
THOU AND THY FATHERS HOUSE
THREE HUNDRED
TO BE DESTROYED
TO BE SLAIN
TO ESTHER, THE
GOLDEN SCEPTER
TO HANG MORDECAI
TOUCHED SCEPTER
TURNED SORROW TO JOY
WE ARE SOLD
WHAT HONOR AND DIGNITY
WHAT WILT THOU
WHERE IS HE
WHO IS HE
WRITE FOR THE JEWS
ZERESH, HAMANS WIFE

PUZZLE #43 ESTHER & MORDECAI (PART 2)

```
T O H A N G M O R D E C A I T S A Y O J M H E N D A E A T M
S O T H I A E L P O E P S I H F O H T L A E W G N I K E E S
A J E R O T H A T O T D G A Y J O A W M K L W D P I A H T A
F O E S M I E C H I L O L A O P N U A T E O C R N F T F O
R O M W T T A N O U N L U T L G M N N R C A I G A D E E I M
O S R S L H K I R Z B C W C E L W A A D U N C M N V A A V E
N W P T Y L E E N E E O U R H A O P N S W O M A T S Q R E H
O E E O U H T R G N R R L Z S E P W E Y U R T O T U U O H T
H J H T I T M R T C E E A E A D T S L B S I A L N A F U D
O E T S R L A S O H R R F S L O O S D P H E N T O L Y J N E
T H O U I N F S O A E R S A H P R N C T R D C T T A I E D T
H T Q M T O D O P U A G Y N E H O E I E A E H A N E J W R A
T R A E S E H P R I G O O R O T A W H G P I P X M O N S E H
E O D P N T A W D A R H I L S I D M O T N T I A I E P H D O
T F V R R L S O N N P S T L D L T O A G S V E P R N J M T H
H E U I A O F A I W H R E T U E D R D N E E W R A E O E O W
G T B Y L A N I O H E E E O H D N O O C S H F E T D D T W E
I I O A R O A O E B P E C Y A E N S N P E W E O G O D H A S
L R L I B C G F H I N N M Y N E I E C R G U I N E A S O E O
E W X R E A I O M D A A I A F M A R E E P N I F T E O M Y H
D T A D J L T R L M N P M O T F L I H R P K I O E A R A N T
M H R A Y Q X N O P R A R A O E S P E U F T U D H O M C O O
E O U M U E G N E A H H Y S H H E J T L R P E S N M Y B E T
M P R I N M R X N D I E T O E N B W A O S T A R A E E V T D
U A O D R S A P E M C T D S J E O H N L M B O K N D S I S L
S N U N E T E G E R I E H D E S T R O Y S L A Y E O S N R U
E T A J X C N O O H R Y P E L C S A R N A T O S W A W G E O
R C M E T A A W F D T D T A H I H E Y E H P T N V I E N X W
P E R S H G N I N D E N W I A O A I N A S R E I T M J A E Y
T A S D N R T U W R N O O C N D R J M D O C G R A O F U A E
S U M E O O H A E A R A E S Y G O S A Y A R A S T P O E T
R A R Y I E S H H R S D S T D U I T E E O L T H A H D H O T
U T A O E M T N O S R G O U R N M D P K S R G S T R E N I T
D L I R N A E M E O I A R N O Y A G D E I I J T L A E T B A
T O H T G T O N M T V R H E R H N H O N L N L O N O S A R H
A T A S R T F O E E S T E E A I T P R A A I G M I H R J N W
H M W E O E T U N E A N Q P K T N E D I W R I R A P E M E D
T E O D V O W G R E T U A A I A D A V T E R O L I W O A G I
J A L E D A E Y D N E O E M J H H L A I U H L N S D R D I D
L E D B L N D O U S A P M U A S S H E P F B T H O E E S R A
A H R L U E T P T L S E R S W H W I F S E Y A T S H A T C L
T E U L T M A K E R E Q U E S T D O R D T D T O O Y T E H R
B F A A I C H E T U A C J O C W T E O E R I L N G N B A L M
E S T H E R S B A N Q U E T H S E N G U P D A R E T D O H E
G A T S E L P O E P Y M D N A M E J L N T I E O I V H I M W
V U D E C R E E D R E W N E A R O E I H A E F A K A E N A S
P E S U O H S R E H T A F Y H T D N A U O H T I N G R S O L
```

For Mordecai the Jew was next unto king Ahasuerus, and great among the Jews, and accepted of the multitude of his brethren, seeking the wealth of his people, and speaking peace to all his seed. (Esther 10:3)

PUZZLE #44 JOB (PART 1)

FIND THE FOLLOWING WORDS IN THE CORRESPONDING PUZZLE.

AT HAND OF GOD
BILDAD
BILDAD ANSWERED
BLESSED BE THE NAME
OF THE LORD
BUT SAVE HIS LIFE
CHALDEANS CARRIED
AWAY CAMELS
DESIRE TO REASON
DUST ON HEADS
EDGE OF SWORD
ELIHU ANSWERED
ELIHU'S WRATH
ELIPHAZ
ELIPHAZ ANSWERED
ENVY SLAYETH SILLY
ESCHEWED EVIL
FEARED GOD
FIRE CONSUMED SHEEP
FORGERS OF LIES
FROM GOING TO AND
FRO IN THE EARTH
HAPPY IS THE MAN
HAST THOU CONSIDERED
HAVE PITY ON ME
HE IS IN THINE HAND
HE WILL CURSE THEE
TO THY FACE
HOLD YOUR PEACE
I HAVE SINNED
IF I BE WICKED
JOB SINNED NOT
LAND OF UZ
MAKE ME TO KNOW MY SIN
MY REDEEMER LIVETH
MY SERVANT JOB
NOT INFERIOR
PERFECT AND UPRIGHT
PUT FORTH THINE HAND
SABEANS TOOK OXEN AND ASSES
SANCTIFIED CHILDREN

SAT AMONG ASHES
SAT DOWN WITH HIM
SATAN CAME BEFORE THE LORD
SEVEN DAYS
SEVEN NIGHTS
SEVEN SONS
SHUT UP SEA
SKIN FOR SKIN
SLAIN SERVANTS
SMOTE WITH SORE BOILS
SOLE UNTO CROWN
THOU MOVEDST ME AGAINST HIM
THOUGH HE SLAY ME
THREE DAUGHTERS
THREE FRIENDS
TO DESTROY HIM
WITHOUT CAUSE
TO MOURN AND COMFORT
TOUCH BONE, FLESH
TURNED AGAINST ME
UPON HIMSELF PUT
NOT THINE HAND
VAIN KNOWLEDGE
VERY GREAT HOUSEHOLD
WALKING UP AND DOWN IN IT
WEPT, RENT MANTLES
WHENCE COMEST THOU
WHO GOD CORRECTETH
WHOM I LOVED
WIFE SAID CURSE GOD AND DIE
WILD ASS
WIND SLEW SONS AND
DAUGHTERS
WOE UNTO ME
YET WILL I TRUST HIM
ZOPHAR
ZOPHAR ANSWERED

PUZZLE #44 JOB (PART 1)

```
S A T R I N A R G P R A S L I O B E R O S H T I W E T O M S
I N H T W I S O C U Y L L I S H T E Y A L S Y V N E C H A R
F R O M G O I N G T O A N D F R O I N T H E E A R T H T N W
T S U S I G E R E F T N I S Y M W O N K O T E M E K A M I G
U A M T N H S U P O I C E O A O J B E P R H V H I N L L J N
R L O H M E O E N R D R B S E V E N D A Y S E K C R D A O A
N A V O I M V C R T S C E T H A T E O H N W O A T A E H L B
E N E U I N I E F H O K J C F N R V T Y I T M N S H A G U I
D O D G T O R O S T G M I G O E I E I L O E V S O S N T D L
A R S H S Y G K H H A T E N W N T N L M B H T A H I S O R D
G I T H U T R I N I V A H S F C S C O E E A S L E A C U O A
A V M E R I O C A N S H N T E O U F H C P E H V H A C L D
I G E S T P I E R E L A O R M R R O M T A P T E A O R H E A
N E A L I E R N O H Z V R F S N R S R E O Y H D T L R B H N
S I G A L V E O E A T O H E A E K T K V D I E N N D I O T S
T D A Y L A F W H N C I T N T D O N I I S S B A E Y E N F W
M D I M I H N P A D G H D H G N O U F L N T H H U O D E O E
E N N E W O I J O T E C E M D V G H I R O H A E D U A F E R
S A S G T L T G H E O L T E A U T F B E K E C N E R W L M E
E D T I E V O R T M O V N I N O E N E M L M B I N P A E A D
S O H D Y H N O F R L N Z O P H A R W E V A I H N E Y S N U
S G I R W E T O D L I M C U L T I U I E C N U T I A C H E P
A E M A T H R Y A S K E N N I T Y N C D A S O N S C A W H O
D S O H Y T O H B O L V I R A S M W K E L T R I E E M I T N
N R S F A D R O W S F O E G D E C O E R A U S S V L E N E H
A U A R B O J T N A V R E S Y M K R D Y V R A I A S L D B I
N C R D E S I R E T O R E A S O N C I M E B T E H T S S D M
E D U G E T D E R E D I S N O C U O H T T S A H I A E L E S
X I N S T L H V O N E K S I W E P T R E N T M A N T L E S E
O A D R E E I G A R C T D O H C O N P A G N O I S H I W S L
K S E M V V N H U I N H A L I N P U S T H A N O R O H S E F
O E R N I G E N U A N I G E O E I E A D E R G N F D U O L P
O F E D S H I N V A D K A N R H F L E H A I A F U O S N B U
T I W E E Y H R N O N E N F O W E O T V N E S C N O W S O T
S W S V T Y E T R I S S E O E S U S R H I C H K I K R A S N
N A N O E S A H I P G C W R W A D A U G O N E N C A A N H O
A D A L N N I G U W T H I E H L R N T O E U S A O S T D A T
E A R I T S E T I A N E T L R T E E N H R L H N T H D S T
B D A M U O U M N D A W P S V E A D D I O T S G O A S A O H
A L H O E H Z D G O R E O A C N D E G G R E A O M V A U L I
S I P H S A U O N E V D J D E Y I A U E O F V E F M E G D N
O B O W H P F C E F O E R G T O A Y B L I D E N R L K H A E
J A Z P R E O V O T A V A T H A N D O F G O D E B G I T O H
O E I I V A D R A C K I R O F P S U D E Z Z A L R E Y E M A
R L G A N C N N E R D L I H C D E I F I T C N A S H U R S N
E H L E S U A C T U O H T I W M I H Y O R T S E D O T S E D
T E M O W A L K I N G U P A N D D O W N I N I T A N D Y O V
```

So the Lord blessed the latter end of Job more than his beginning…(Job 42:12)

PUZZLE #45 JOB (PART 2)

FIND THE FOLLOWING WORDS THAT DESCRIBE THE TRIALS OF JOB, IN THE PUZZLE.

AGAINST THEE AND THY
TWO FRIENDS
AND ASHES
ANSWER ME
ARCTURUS WITH HIS SONS
BANDS OF ORION
BE MY SALVATION
BEHEMOTH EATETH GRASS
BRING THE PROUD LOW
BY WISDOM
DECK THYSELF
DECLARE TO ME
DELIVERED FOREVER
DESIRE REASON
DISPUTE WITH
DROPS OF DEW
DRUNKEN MAN
EAGLES MOUNT
EXACTETH LESS
EYES OF WICKED SHALL FAIL
FLESH HAVE PAIN
FOR HIM WILL I ACCEPT
FOUNDATIONS OF THE EARTH
FOUR GENERATIONS
GIRD LOINS
GIVE UP GHOST
GOD GRANT ME
GOD IS MIGHTY
GOODLY WINGS
GO TO JOB
HATH THE RAIN A FATHER
HAWKS FLY
HYPOCRITES HOPE SHALL PERISH
I ABHOR MYSELF
I AM VILE
IF PURE
INCREASED
INTEGRITY
JOB CURSED HIS DAY
JOB SHALL PRAY FOR YOU
LAID CORNERSTONE
LET NOT HIS FEAR TERRIFY ME
LEVIATHAN
LORD ANSWERED
LORD GAVE

LORD GAVE JOB TWICE AS MUCH
LORD TAKETH AWAY
MAKE STAGGER
MAZZAROTH
MIGHT FIND HIM
MORNING STARS SANG
MY WRATH IS KINDLED
NEITHER HELP EVILDOERS
NOR CHARGED GOD
OFFER A BURNT OFFERING
OR LET ME SPEAK
PARDON
PEACOCKS
RAVENS FOOD
REASON
REPENT IN DUST
SEVEN BULLOCKS
SEVEN RAMS
SHOULD SHOW PITY
SONS OF GOD SHOUTED FOR JOY
SOUL SHALL MOURN
SUBSTANCE
SWEET INFLUENCES OF PLEIADES
TERRORS OF GOD
THEN WILL I CONFESS
THINK OWN RIGHT HAND
CAN SAVE THEE
TREAD DOWN THE WICKED
WHAT SHALL I ANSWER
WHATSOEVER IS UNDER THE WHOLE
HEAVEN IS MINE
WHIRLWIND
WILL THE UNICORN SERVE THEE
WILL YE CONTEND FOR GOD
WILT THOU HUNT PREY FOR LIONS
WITH MAJESTY AND EXCELLENCY
YOU HAVE NOT SPOKEN OF
ME AS MY SERVANT
JOB HATH

PUZZLE #45 JOB (PART 2)

```
J E E H T E V A S N A C D N A H T H G I R N W O K N I H T S
W O B Y L F S K W A H A M S G N I W Y L D O O G N I R O E T
H G B E A U O Y R O F Y A R P L L A H S B O J O E V E V L E
A W A C M N A C E N G I Z S S E F N O C I L L I W N E H T A
T I N T U Y O K I O R Z Z A D E S I R E R E A S O N D A L R
S T D H E R S E N V O L A D E L I V E R E D F O R E V E R C
O H S N Y V S A C E N O R C H A R G E D G O D A W I N W E H
E M O F E P V E L N I M O D S I W Y B E R A M E R O N I V O
V A F H O M O D D V A S T I P E A C O C K S D N L A G L A U
E J O T R S Y C E H A T H T H E R A I N A F A T H E R L H E
R E R A N D S F R R I T S A E V A G D R O L M U N O Y T O S
I S I H T E F A I I E S I B T R O N E S V R A T E F O H F G
S T O B S C L O R R T W D O U I R E P N E C K C R O J E E O
U Y N O E L E M N G R E S A N S N O I T A R E N E G R U O F
N A I J V A S Y R D H E S N Y I R L R H E H S O N V O N S O
D N T T E R H R E I M T T H A D G O E S F N T I E C F I D R
E D S N N E H G E S G I E R O D S I V A O R A R N H D C N H
R E O A B T A O P O O N I T A P R A R F V F G O E D E O E I
T X H V U O V J E T D F V E A E E O E D A E G B Y O T R I M
H C G R L M E A N S P L W N G E F S L S L N E O B O U N R W
E E P E L E P U T U S U I I F U H S H W A O R H D F O S F I
W L U S O E A N R T Y E A V C L O T I A M V I L E S H E O L
H L E Y C N I E E I A N L Y E K E Y O H L Y G N O N S R W L
O E V M K O N T A N E C O H T P E S T M T L I O S E D V T I
L N I S S T Y O D G O E K N T I L D Y I E O P F O V O E Y A
E C G A E S A G D E F S C E R E P E S H R H N E S A G T H C
H Y L E Y R T E O R A O A K D U T W H H T G E T R R F H T C
E M W M A E H D W F A F C E C S O C O R A K E B E I O E E
A G I F W N O N N R B P A N R I U M A H E L C T I L S E N P
V N L O A R S I T A Y L H O T A N E L X S H L E N J N H A T
E I L N H O F W H O C E V I H B E G I L E D T F D I O R E L
N R Y E T C A L L I E I L N W H A T S H A L L I A N S W E R
I E E K E D D R W R S A N O T O T H M G D H T U E I V A H G
S F C O K I E I I N M D G F R R L S O I O R S F O N L I T I
M F O P A A R H C R A E O L I M A D U G H D U L R H N A T N
I O N S T L O W K V L S E S E Y I D U D G D G N U E S E S O
N T T T D A E D E B N T E H N S T P E O N O N R K O I V N E
E N E O R T O V D O M H T O M E M H T S R I F I A E S N I C
M R N N O R L J I E S I N I U L R O G E A P T H F N N C A N
Y U D E L E Y T S A W E G N O F J F U F R E E N C T T M G O
R B F V E N A P D E T H R E R O H A T N O N R H E I H M A R
A A O A Y D E N T O T H E I B U E R C E T A T C T P O G E N
W R R H N A A U M Y W R A T H I S K I N D L E D N G E D I Y
E E G U K I P C A N A F J N G N A S S R A T S G N I N R O M
T F O O F S N O I L R O F Y E R P T N U H U O H T T L I W L
H F D Y I O E R U H N S N O S S I H H T I W S U R U T C R A
L O R D G A V E J O B T W I C E A S M U C H G N O Y A O J B
```

Hast thou considered my servant Job, that there is none like unto him in the earth, a perfect and an upright man, one that feareth God, and escheweth evil? (Job 1:8)

PUZZLE #46 MONIES, WEIGHTS & MEASURES

IN THE PUZZLE BELOW FIND THE HEBREW MONTHS OF THE YEAR AND FESTIVALS FROM THE OLD TESTAMENT.

ASSARIUS	LEPTON
AUREUS	LIQUID
BATH	MEASURES
BEKA	LITRA
BUSHEL	LOG
COR	MEASURING
CUBIT	REED
DARIC	MINA
DAYS JOURNEY	MITE
DENARIUS	OMER
DIDRACHMA	PACE
DRACHMA	PENCE
DRAM	PENNY
DRY MEASURE	PERSIAN
EPHAH	PIECE OF MONEY
FARTHING	POT
FATHOM	ROD
FINGER	ROMAN COINS
FIRKIN	ROMAN MILE
FURLONG	SHEKEL
GERAH	SILVER
GOLD	SPAN
GREEK	STADION
HALF HOMER	STATER
HANDBREADTH	TETRADRACHMA
HEBREW	TRIBUTE
HIN	
HOMER	
JEWISH	
WEIGHT	
KAB	
KODRANTES	
KOR	

```
H A R O D L Y T I N H F E T A F C P
E T M R C S U N O A I V G A T I E O
B E A D E C D I N S F R O U R R C R
R M R B F I O D E E N T L A S K I O
E O L I N C B U R V P C D I N I V S
W S R A K R I E F A V U A R A N U E
A Y P R E E S U I R A N E D U S Y E
R O V A S V R H O S P U R A R O D R
T N D R N L E R E T A A P M E R Y U
I T I V O I S T I K C I S G U A E S
H M H N T S N O C H E U O T S H L A
A O G R O A V I M O H L I M A S O E
L D E I R O M A N M I L E G E T M M
F L A D N C I Y E P E A O S N O E Y
H I O Y A O T D O N S R N T S I N R
O K A B S L E H S U B O E R O P G D
M N G N I J R D R O M A N C O I N S
E O E T E N O I D A T S L A N T I P
R S R S I R N U E F R O M I N E T W
H A M V E G T B R A S I D O V N P A
V I O G R D G H I N N U P E H C R N
T Y N E O R E N G T E D I M A T O D
E I E E W O A V I I E Y A R G E A E
F D B T N K C M O H E O V S A M V F
I R W U E Y E R H N T W L I H S I O
W D O B C W A E O C I R H C K O S N
O E L I K O N M R T A M A S O N O A
V I N R N E F I Y G H R O F I Y I T
I R N T S O N L M A D H D E L W S R
S A O O E O T C H I O N T A S R E I
T V I C D I R P D O L I H G R M O J
I L E O R A E N E Y R C Y A O T N E
O I V C L A N I M L E N S H A R E G
P A K S E R U S A E M D I U Q I L T
```

PUZZLE #47 NUMBERS AND DEUTERONOMY

THE WORDS ON THE LEFT DESCRIBE THE ACCOUNT OF NUMBERS AND DEUTERONOMY. FIND THEM IN THE PUZZLE.

AARON JEALOUS
CALL TO OBEDIENCE
CROSSING JORDAN
CURSE OF SIN
DANGER OF
IDOLATRY
DEUTERONOMY
DIED IN WILDERNESS
DIVINE JUDGMENTS
DIVINE LEADERSHIP
DIVINE SUPPLIES
FAILURE AT KADESH
FORGETFULNESS
FORMER
GENERATION
GIVING OF LAW
GREAT
COMMANDMENT
GREAT DELIVERANCE
LAW REPEATED
LEAVING SINAI
MIRIAM JEALOUS
MOSES BLESSING
MOSES SONG
NEW GENERATION
NUMBERS
PAST SLAVERY
PLAINS OF MOAB
QUAILS SENT
REBELLION
REMEMBER
GODS WORD
RICHES
SEVEN MURMURINGS
SEVENTY ELDERS
SINS OF THE PAST
SPIES REPORT
THE COVENANT
THE GIANTS
WANDERING

```
G S A E S T N E M G D U J E N I V I D
R R S M O S E S B L E S S I N G H T I
E P E E I Y S E T E H V A R B R L H V
T A P A N R L B H R A B L S E A G E I
L S Y T T R I F A T I S T B W C N C N
T T R D S C E A E A H P E R O Y I O E
Y S T I N A O D M P O L E N K E T V L
A L A V E L N M L J L P D J S I A E E
P A L I P L R I M I E T I T B N L N A
S V O N O T O N O A W A U E Y R E A D
F E D E A O T N T F N N L V W U V N E
O R I S T O S E P E A D I O X O R T R
R Y F U C B D R Q U N L M D U J V I S
G W O P H E I J U P M I T E E S E E H
E A R P E D M O I S S T R A N I M R I
T L E L D I O S T N A I G E H T D A P
F F G I S E N O I T A R E N E G W E N
U O N E C N A R E V I L E D T A E R G
L G A S A C L B A O M F O S N I A L P
N N D E G E G E S G E T E D H E R R T
E I L R W N L N F R E S E H Y F I O S
S V H N O C I T O A E R S N O C B R I
S I S G A W A R I S I B E R H M E I N
I G E O M D S T U N S W M E E D H T S
A O D S U L R D G M I E S U L C N A O
N L A Y H T S O O F R D S E N E A V F
I T K M U R A E J G A U Y O S I D I T
S H T O G O E P E G R T M S M F R O H
G E A N H P B N H E N E L N G O G D E
N S E O T E E T G E S I B S E M A D P
I E R R C R R R V E A T S M H V A S A
V S U E A S O E L U T L A S E O E R S
A L L T H E S B Q E S T I B O M V S T
E B I U Q I A R U H E T A T I R E E A
L O A E V P C U R S E O F S I N C R T
N R F D I S H S U O L A E J N O R A A
```

AND THERE AROSE NOT A PROPHET SINCE IN ISRAEL LIKE UNTO MOSES, WHOM THE LORD KNEW FACE TO FACE. (DEUTERONOMY 34:10)

PUZZLE #48 PROVERBS FOR THE RIGHTEOUS (PART 1)

FIND THE FOLLOWING WORDS IN THE PUZZLE.

A JUST MAN
A JUST WEIGHT
AND BALANCE
A WISE SON
ABOVE RUBIES
ACCEPTABLE
ACKNOWLEDGE HIM
IN ALL THY WAYS
BETTER THAN GOLD
BLESSED
BOUNTIFUL EYE
BREAKETH THE BONE
BUY THE TRUTH
CHASTENING
CHEERFUL
COUNTENANCE
CONTINUAL FEAST
CORRECTION
CROWNED
DAYS MULTIPLIED
DELIGHT TO THY SOUL
DEPART FROM EVIL
DESIRE GRANTED
DEVISE GOOD
DILIGENT
ESTABLISHED
EXALTS A NATION
EXCELLENT
FAITHFUL
FALLS SEVEN TIMES
FEAR OF LORD
FIND KNOWLEDGE
OF GOD
FLOWING BROOK
FRUIT OF MOUTH
GOOD LIKE MEDICINE
HAPPY IS HE
HATES LYING
HEART SHALL REJOICE
HOLDS PEACE
HONOR MAKER
HUMILITY
INCLINE EAR

INCREASE LEARNING
INHERITANCE
INSTRUCTION
INTEGRITY
KEEP MY WAYS
KEEP THE LAW
KNOWLEDGE
LAW OF KINDNESS
LENGTH OF DAYS
LIFE OF FLESH
LOVE COVERS ALL SINS
LOVE HER
MADE FAT
MERCY AND TRUTH
MERCY ON POOR
MERRY HEART
NO DEATH
NO FAVOR
ORNAMENT OF GRACE
PRECIOUS
PRESERVE SOUL
PROVERBS
PRUDENT WIFE
QUIETNESS
REGARD PROOF
REWARD
RICHES, HONOR
AND LIFE
RIGHT ANSWER
RIGHTEOUS
SAFETY
SATISFIED
SELL IT NOT
SILK AND PURPLE
SLOW TO WRATH
SOFT TONGUE
SOUND HEART
SOUND WISDOM
SPEAK TRUTH
STRETCH HAND
TO POOR
STRONG CONFIDENCE
STUDIETH TO ANSWER

SUBSTANCE
SWEET SLEEP
TAPESTRY
TREASURES
TRUST THE LORD
UNDERSTANDING
VIRTUOUS WOMAN
WELLSPRING
OF WISDOM
WHERE LOVE IS
WISE COUNSELS
WORD IS PURE
WORDS OF TRUTH

PUZZLE #48 PROVERBS FOR THE RIGHTEOUS (PART 1)

```
M A D S W I P R E S E R V E S O U L E R T N A E K N O G B A
E O E G E N O I B L R N E C A E P S D L O H R E S E N E W K
R N D F D E T R K O H A I E S O A V O M E N E T F I T I X T
R E A S T C E N O S V M Y X R F O N E A A P R I D T S I E T
Y W E C I V O P E N A O V O E W R R U T I L N E E R O C S
H O I A O W N L I B C W U T S E C T Q H R D A R S N O N N A
E V O R L O F S N Q E S Y O N Y S R E E N T T O I L O G E E
A I P E Y F E O T U D U K M A H P L W A S H N S R A P N D F
R N D C O I A U G E J O L N A I A S R R A A E N E W O I I L
T G R E N N R N O N H U D L N W N O E N I D V I G O T N F A
E E F O S A O V E I I T L C U A N D G S A R X S R F D R N U
M I L W U T F E G N R R L V O O N O Z Y E O E R A K N A O N
L N O U T H L A S U E I P T H U L R S M D S M E N I A E C I
E R B F R S O T T J N V H S I D I M E O R O S O T N H L G T
L A O S A L R H O E W T E N L N U N O G D V W D E D H E N N
P S U I E U D I E X E H R D T L O G H S A L T N D N C S O O
R I N N C A C A L I C N E E T B E D I E E R E L R E T A R C
U E T T O E R V D I Y I S I E S O W E D R J D S O S E E T R
P V I E R N S U R L F O P H I G D D G A O I A R U S R R S I
D O F G R O T E U S S L T V E N R E S E T C T J E O T C E N
N L U R E S W F I U I H E Y U I O E C U C H E A U P S N V E
A E L I C E H T B E T D T O H F E A H E O N L R N S R I G N
K R E T T T A S D E R O S U G T R S P E I I S W Y C T O R C
L E Y Y I S T T K N E N A O R G U T W P V E C A C I E M O I
I H E A O A A A E I A T D E F T A O T E L O W E N O Q E A F
S W F R N P E N E C S A V O H B F N M G E Y L G R U Y X P N
T L O C E R I S P I U L T G L T E O I F H T H V I P O A L O
E A E S B O N T M D R N O E I L R R S T O A S E N G N L O I
N C T N E N M I Y E E B M W L F E W L D P T T L A C I T V R
S R N P G I S N W M S E D E T K A L I P R N I A E R O S E A
Y O S A G T O E A E P A C R A O A D Y S E O S U N E T A C D
T I U S N W H N Y K S X A M J N W I E S E E W D R C P N O E
E R O N U E R O S I E P R B I S S R S H I C E K E F B A V L
M V U E D O T Q F L E O E M U H E H A B S N O E N K G T E I
A N C S V H E N U D N N I A E Y S M U T W I B U O O N I R G
C A W A T P E T U O A H E S K O T R I O H A L O N D I O S H
I T F O M T R A H O E Y R N L T E H R T O S R B T S N N A T
G O A V R A H U R G C S S A N V R C E I N B U H A H E D L T
N N C L E D D E D T I L O E O D O U W T G E T S W T T L L O
I T I D S F I E L E H R U B M E R E T N R H V L P M S C S T
O I N Y T O L S F O N I A F K S U A I H I U T E E E A E I H
T L E O L W I R P A R T L O R S Q W W N P M T A S N H T N Y
E L R G O S G O E U T D W A E E O A N E A I I H N S C U S S
C E O N I R E M S P R E S I S L E N C A R L N R E S L I G O
T S K F N U N T I N I E O V F B R H L I N I S T A I W L F U
R C E O E C T O A O U Y R E R E O E C A N T E M F O B E A L
A J U S T W E I G H T A N D B A L A N C E Y T A I N L I R F
```

These six things doth the lord hate; yea, seven are an abomination unto him: a proud look, a lying tongue, and hands that shed innocent blood, a heart that deviseth wicked imaginations, feet that be swift in running to mischief, a false witness that speaketh lies, and he that soweth discord among brethren. (Prov. 6:16-19)

PUZZLE #49 PROVERBS – THE FROWARD (PART 2)

find the following words in the puzzle. They describe god's promises to the froward.

A WHORE IS A
DEEP DITCH
ABHORRED OF
THE LORD
ABOMINATION
AMONG WINEBIBBERS
ANGRY
BITTER AS
WORMWOOD
BITTERNESS
BOAST NOT
BOW BEFORE
BRING EVIL
CALAMITY OF FATHER
CAUGHT AND KISSED
CAUSE TO FALL
COMETH TO SHAME
CONTENTION
CORRECTION
GRIEVOUS
COVERINGS OF
TAPESTRY
COVERS SINS
CROOKED WAYS
CURSE OF THE LORD
DAY OF WRATH
DECKED BED
DESTRUCTION TO
WORKERS OF INIQUITY
DISCOVER NOT
A SECRET
DOWN INTO THE PIT
DRINKETH DAMAGE
DRUNKARD AND
GLUTTON
EARTH CANNOT BEAR
EAT VIOLENCE
END IS BETTER
ERRETH
FLATTERETH
FALSE LIPS
FOOL RAGETH
FOOLISH SON

FOUR THINGS
FROWARD
GLAD AT CALAMITIES
GREEDY OF GAIN
HATETH REPROOF
HAUGHTY HEART
HEART FOOLISH
HEART SICK
HEAVINESS OF MOTHER
HELL AND
DESTRUCTION
HER FEET ABIDE NOT
IN HER HOUSE
HIGH LOOK AND
PROUD HEART
HONORETH HIMSELF
HOPE DEFERRED
HOUSE OF THE WICKED
IDLE SOUL
IMAGINE EVIL
IS CONFIDENT
LACKETH BREAD
LIPS SNARE HIS SOUL
LOVE DEATH
LYING TONGUE
MOUTH A DEEP PIT
MOUTH POURETH
OUT EVIL
OVERTHROWN
POVERTY
PRIDE BRINGS LOW
PUNISHED
PURSUETH EVIL
REBELLION
REFUSE REPROOF
REJOICE TO DO EVIL
SHORT YEARS
SLEEP TAKEN
SLOTHFUL
SLUGGARD
SORROW
STOLEN WATER
STRIFE

SUDDENLY BE
DESTROYED
TAKE HOLD ON HELL
TALEBEARER
TALK OF MISCHIEF
TEETH AS SWORDS
THE WAY TO HELL
UNFAITHFUL
VAIN PERSON
VOID OF
UNDERSTANDING
WAYS ARE MOVABLE
WICKED ARE NOT
WICKEDNESS SHOWED
WINE OF VIOLENCE
WITHOUT CAUSE
WORK DECEIT
WRATHFUL

PUZZLE #49 PROVERBS – THE FROWARD (PART 2)

```
R I L W I N E O F V I O L E N C E S D E N T H E R D E I W C
L E L I V E T U O H T E R U O P H T U O M O T N A R S O A R
V N H E D E W O H S S E N D E K C I W U T A E I C U L Y I
I O R T C R E J O I C E T O D O E V I L A L R V S H A R S T
Y I I S O U S E G N F E W E A S I E D K T B W O T M C K A M
S T Y D T M H I D L N L T R D O T D E C H O F E I K T A R E
U C I E O Y F L E T A I E R E Y V H L T S U O T P H U O E S
D U Z U I F R O I E N D O S C R O T E E R E Y V U T O N M U
D R D E Q U U O S P G W A A M L A K G O S O A M N G H I O O
E T N U R I N N E S S A U T D I C E C S F O D E I U T T V H
N S I M O V N E D S E S M O C A H F B F G S U O S O I H A R
L E A P E D V I A E E N N A L A V H A E T N U L H P W D B E
Y D R S P R E H F T R H I A D S L T T R L D I T E O E O L H
B D P O V E T R O O E S N V R H H A A E A E H D V N O E N
E N R T E E F R L S W T E A E T E M S R C T R T E M W O I
D A I U E E A D L E A R B A R E H E S I U O H I N R O M D T
E L D T N L B R A O F B E C N D H I K R T E N V E T U R R O
S L E X L K O W T H I E U K U D K W S N D I O O S Y A O E N
T E B Y U O A H O B T L D O R D I E I S I C E E H G T W F E
R H R A R T E R E B L U R E N O O N M E O R V S G E R S U D
O S I D Y H S N D E D P O A P F W P G A U U D U S O S A S I
Y O N R G E I R H A D I T M T O E O U O H T L A T U G R E B
E R G H H W O O A N N H S H D A H V T R K S R N O S I E R A
D N S E G A T C A E G D E C R E L N A N S C O V U H N T E T
A O L N T Y S K L U Y L G T O T O K W I O U E T T I R T P E
T S O F A T O F A N O T H L H V R T O O N I E R H E S I R E
R M W W E O A C O R E C R E U T E A Y F R P T T E T H B O F
A U E O L H L I D U A O L O A T E R E G M H E C H D E U O R
L H I H M E V T G N N I T U H R T G N H E I T R U E O M F E
T H G I E L A N N E V S R A F S T O A O Y D S R S R V E O H
O I N G A L O O K E H E T D E H I S N R T T O C E O T I A C
H O E H U T T A E A T E O P R T T L I E L A H F H V N S L T
I N T I G B T N F T T B A O C O N I B C R O S G K I O H E I
T E O N E P I T I H E T N E R L V A I K A O E U V E E A D
A U I A E G O B R W F C R S V S I E R F T S D F C A R F T P
O Y R E A N S E T O R R Y E A O H G H E N T L E R R H I V E
L T L M T I P A S E O A C H R R T N R T T U E T K T E R I E
I S I S D R T G B C W H T E R R E I I E F A F R A C N T O D
D N A N O E N E R D A E S H S O T R E H E O W E N R I S L A
E O E O T I L O E H R T C P F W E B T C O D D N G E U W E S
B E F O R L D K C E D O I O A U S O H L E E Y E E I S A N I
D T I E I S O L T R N L U C R R L U I D V D N O R L P S C E
E R V O M O R T E T E I N A T S O S H O R I K C F R O H E R
K O N E R P A S R S U A T P S E H T L R I N T R H G O T O O
C A E C L L H L L C O V E R S S I N S H G U O N O E A H S H
E W R O E Y A Q H O U S E O F T H E W I C K E D W E I B W
D T N E D I F N O C S I L N O I T A N I M O B A C H R S N A
```

The fear of the lord is the beginning of knowledge: but fools despise wisdom and instruction. (Prov. 1:7)

PUZZLE #50 ECCLESIASTES

Find the following words describing more of solomon's wisdom in the puzzle.

A POOR WISE MAN
A TIME TO DIE
A TIME TO LOVE
A TIME TO WEEP
ALL TURN TO DUST
ALL IS VANITY
ALL OF HIS DYS
AND A TIME TO
EVERY PURPOSE
AND FOLLY
ARE SORROWS
AS ONE DIETH
BEAUTIFUL
BUILT HOUSES
BY SADNESS OF
COUNTENANCE
DELIVERED THE CITY
DESTROYETH
MUCH GOOD
DO IT WITH MIGHT
EAT, DRINK, BE MERRY
ENJOY GOOD FROM
THE HAND OF GOD
EXPERIENCE
FEAR GOD
FROM BEGINNING
GARDENS
GIVE TO HIM
GOD GIVES
GOD MIGHT
GOD REQUIRES
GOD WILL BRING YOU
INTO JUDGMENT
GOOD REWARD
GREAT POSSESSIONS
GREAT WORKS
HAPPENETH TO
THEM ALL
HATED LIFE
HIS SIGHT
HOUSE OF GOD
INCREASE KNOWLEDGE
INCREASE SORROW
INIQUITY WAS THERE
IT IS HIS PORTION

JUDGMENT PLACE
KEEP HIS
COMMANDMENTS
KEEP THY FOOT
LET THY WORDS BE FEW
LIVE JOYFULLY
MADNESS
MANIFEST THEM
MIRTH
MY LABOR
MUCH GRIEF
MUCH WISDOM
NO BETTER THING
NO MAN CAN KNOW
NO NEW THING
NOR THE BATTLE
TO THE STRONG
OATH OF GOD
ONE EVENT
ONE PLACE
ONE SINNER
ORCHARDS
PLANTED
PUT AWAY EVIL
RACE IS NOT GIVEN
TO THE SWIFT
REJOICE IN THY YOUTH
REMEMBER THY
CREATOR
REMOVE SORROW
SEARCH
SEEK
SHOWED MYSELF WISE
SUFFER NOT
THY MOUTH
TEARS OF OPPRESSED
THAT IS GOOD
THAT WHICH IS PAST
THE HEART IS
MADE BETTER
THE PREACHER
TIME AND CHANCE
TO CAUSE THY
FLESH TO SIN
TO DO GOOD

TO END
TO EVERYTHING
THERE IS A SEASON
TRAVAIL, GRIEF
TWO SHALL
UNDER THE HEAVEN
VEXATION
WHOLE DUTY OF MAN
WICKEDNESS
WAS THERE
WISDOM IS BETTER
THAN WEAPONS OF WAR
WITHSTAND
WOE TO HIM
WORDS HEARD IN QUIET
WORKS GOD MAKETH
WORLD IN HEART

```
N I E N J O Y G O O D F R O M T H E H A N D O F G O D I K R
I O R E O S A R A N T E A R S O F O P P R E S S E D O E A H
S T M V B R E E R E H T S A W S S E N D E K C I W S E C A T
O U E A O E R R T S H T E K A M D O G S K R O W K P E N T O
T S S E N D A M I O E U R C O C N T I E T O E R H I D A S I
H O D H E C S U F U N A T A A H M A E N H N O I S F O H A N
S I R E E T A G T H Q U R N S I F S M D G W S N O N E C P C
E N A H V R O N N I U E K C R F O R U F T C O L T I T D S R
L E H T E D E N K O F T R T H E O F O A O T L A D S L N I E
F O C R N A G N T N R U H D R A V W E M G Y I O T A U A H A
Y B R E T N I O A G O T L I O R E R M I B E T E C O G E C S
H L O D I W E S C E R W S G P G G A V O R E N U H S H M I E
T A L N G N I H T R E T T E B O N E R A M G G T D R T I H S
E R Y U D E N A O I K C E E H D N H C I O N L I G E I T W O
S A N A F I V W P R T W C N M T S E T N Q U A I N C L E T R
U W O N E Y S E O M A O E O V O A T B E V N H A N T O A R
A F N D N G O B I T L N N T N I G T H O T I O E D V I E H O
C O O A K E A J E P E T H R E M O V E S O R R O W E A N T W
O S S T E L C M E W S E E M S H D S P L A N T E D L G R G I
T N A I Y N I N T V S Q U Q I U M A R I T P S E P O Q G T C
W O E M U T O H C W I C W S N W I N E Q U T F W O X I U K T
E P S E A U I I R H L S E N R G I A K E I A D E V E E O H
T A A T V N L F T G O I R B E O H T C I L P R B E W E H A D
S E S O G E T I R A G N X T R A T S H D O E N T E P O P N D
E W I E A N I V H X I E M I H O T E O W F O F T H P A E R
N N E V C R E T T E B E D A M S I T R A E H E H T E T S S T
I A R E A F A S F C Y S V R O D A W R C I B Y U N S T R H S
U H E R L O E G N V A U E Q H I D K M S F O E H R O N O E
Q T H Y P O L S U A E N W J R S T O E D O V T T O T A E W N
E R T P T E I U Q N I D R A E H S D R O W H I Y Q E N R E E
R E G U N I S O H E T U S M T Y S O T P T I E H D X O E D G
E T N R E S V H I T Q T A Y A U W X A O W T T E A T I H M D
J T I P M W A T N N I N E D F Y P D T I H E L Y A D T T Y E
O E H O G O N L I U V A S F H I R H Q M I I T E O S R S S L
I B T S D R I I S O T I E T M E E R U D V L R G U F O A E W
C S Y E U R T U W C H R T E V M T C E E O C F D E L P W L O
E I R E J O Y B O F N E H O A R H N R M Y O O N T E S Y F N
I M E O H S T G O O L T L L A G O E O H E T G S V H I T W K
N O V O T E A L T S T O L E O S D D T S N B R O N C H I I E
T D E C L R L T G S T I H O A T S R U R Q E K Y D E S U S S
H S O N D A H O E E G N D I H I E O U Q I U X N G O I Q E A
Y I T E H Y D F M N I N Q E W B H T O A V W R G I N T I C E
Y W N S M G I I X D E U C H M O L N I M I N O S L R I N K R
O S O O I N T Y L A L I C E D L D O O G S I T A H T D I X C
U W U V A A U R V S T U M F A D O I T W I T H M I G H T U N
T T E M T S O E A Y M E S N O I S S E S S O P T A E R G A I
H S G O D W I L L B R I N G Y O U I N T O J U D G M E N T E
```

Let us hear the conclusion of the whole matter: fear God and keep his commandments: for this is the whole duty of man. for God shall bring every work into judgment, with every secret thing, whether it be good, or whether it be evil. (Eccl. 12:13-14)

PUZZLE #51 SONG OF SOLOMON

FIND THE FOLLOWING WORDS DESCRIBING SOLOMONS LOVE SONG, IN THE PUZZLE.

A SPRING SHUT UP
ALOES
AND I AM HIS
AS A RAVEN
BEAUTIFUL AS TIRZAH
BEST WINE
BUSHY AND BLACK
CALAMUS
CAMPHIRE AND
SPIKENARD
CANNOT QUENCH LOVE
CHAINS OF GOLD
CHIEFEST AMONG
CINNAMON
COALS OF FIRE
COME AWAY
COMELY
COMPANY OF TWO ARMIES
CRUEL AS THE GRAVE
DOVES EYES
DOWN INTO GARDEN
DRINK ABUNDANTLY
EAT O FRIENDS
EVEN SHORN
FAIREST AMONG WOMEN
FEED AMONG
FINE GOLD
FISHPOOLS
FLOWERS APPEAR
ON EARTH
FOR DELIGHTS
FOUND FAVOR
FRUITS
GLADNESS OF HIS HEART
GOLD RINGS
HAIR LIKE PURPLE
HEAD LIKE CARMEL
HEART WAKES
HERMON
HILL OF FRANKINCENSE
HIS DESIRE IS TOWARD ME
HONEY AND MILK
HONEYCOMB
I CHARGE YOU
I FOUND HIM NOT

I HELD HIM
IN HESHBON
JEALOUSY
KING SOLOMON
LAID UP FOR THEE
LEBANON
LIKE A ROE
LILY AMONG THORNS
LILY OF THE VALLEYS
LITTLE SISTER
LOCKS ARE
MAKE HASTE
MANY WATERS
MIDST PAVED WITH LOVE
MOTHER CROWNED HIM
MOUNTAIN OF MYRRH
MY BELOVED
MY BELOVED IS MINE
MY SPOUSE
MY UNDEFILED
NO SPOT IN THEE
O MY LOVE
O PRINCES DAUGHTER
ONE CHAIN
OPEN TO ME
PALACE OF SILVER
PLEASANT
POMEGRANATES
PRAISED HER
QUEENS AND
CONCUBINES
ROSE OF SHARON
ROUND GOBLET
SAFFRON
SET WITH BERYL
SHENIR
SICK OF LOVE
SONG OF SONGS
SPEECH
STUDS OF SILVER
TEN THOUSAND
THREAD OF SCARLET
THREESCORE QUEENS
THY HAIR
THY LIPS

THY NECK
THY TEETH
TOOK MY VEIL
TOP OF AMANA
TWIN ROES
VEHEMENT FLAME
VINE FLOURISHED
WATCHMEN
WELL OF LIVING
WATER
WINTER IS PAST
WOULD NOT
LET HIM GO
WOUNDED ME
YOUNG HART

PUZZLE #51 SONG OF SOLOMON

```
H A E D R A N E K I P S D N A E R I H P M A C T A T M E I G
I N Y E L T H R E E S C O R E Q U E E N S L E A R G N M L N
L B R O T S P U T U H S G N I R P S A H O L N U O I A A R I
L U E N E C I Y R C E O T W I N R O E S R R S E M H D L G A
O S V S N O C H A R V W N I I R K N M A Y D U S T N S F U C
F H L A T D Y L M K L E E M U C I A C K N E I H E O E T O H
F Y I S H W A N O A M I E L A R H S B E K D I S L R T N H O
R A S T O M I A R H I E O N L S F A I U E C S L N E W E A I
A N F O U K H N C A H D N E T O A R R V N O R I V T I M I S
N D O S S C L T E T S O N R D O F R O G F D L V Y S T E R E
K B E H A A A L R P T S Y A O O O L A H E D A O M I H H L I
I L C I N W I O R Q U N E V T U E K I V O Y O N O S B E I M
N A A T D L F A U E C R L A E B N S M V E N O H T E E V K R
C C L A O P I E R I H O E N Y R H D E Y I N O U F L R I E A
E K A W U S N K N T I H G M E E A S G A V N L N S T Y I P O
N O P D E C L N E Y I T A V A N E Y H O E E G E B T L D U W
S D I D H I A E S A M G E R H Y A C O Y B V I W E I L G R T
E A H L M M T U O I R N T E E I E R C A F L O L A L U O P F
L E O D O Y E A N Y S O R S M N E O N O I E E R U T G R L O
R V N N H U T H G H U M E O O R M O T R A M I T T M E C E Y
E A N T E N G I O A O A V M T B N I N G A R G E I I V R S N
I H S O A D O R F N O Y O U N G H A R T O A O H F U F U S A
H E L S R E N R S E N L L Q E T S A B V K C T S U Q O E R P
I V O U T E A E O T O I Y U P I T N A S A E L P L L R L E M
S E O R W I F O N S V L M R O R O Q I I L K O E A R D A O O
D U P N A L L A G A E Y O E O B W C U T E I P E S O E S N C
E O H R K E A N S H B O B N H N K O O E V L J C T H L T S O
S W S I E D I L O E H F F S T O S N V C O D E H I S I H E G
I A I F S K N F L K I T E S F O D I O H L A T I R N G E N F
R S F N S N C O M A T H R L H L N M S O H E N E Z E H G I O
E K N I T R V Y B M N E O A U A E M G V T H T F A U T R B R
I O G E U E L M N I C V U O E L R E I H I A R E H Q S A U E
S D H O D I R C O M E A W A Y N N O Y H W L R S M E L V C T
T E R T S R B I A T O L D L M I O H N Y D A Y T O R K E N H
O H R W O B A H S A H L E T F Y A R N J E N A A E S W O O G
W S Y O F P R G I P L E H U P I S A A R V S U M I O Q U C U
A I M L S A O T O O A Y R O R C M P R E A S Q O U V O H D A
R R F R I L C F C T N S M C O T H G O Q P U I N F M A E N D
D U O M L P N K A E N E T A R G N U O U T P D G O I R I A S
M O N A V I S A C M G I L Q U O E E N L S E A N N H S A S E
E L I D E A H K C R A S N I W A W G I I D E D S I D H C N C
O F A I R E S T A M O N G W O M E N G M I R O E R L U K E N
W E T E C L H N E F V E A H O N I D E A M F I O I E I L E I
H N N O M L A O F O O I D A M D R Y P D G J A N E H W Q U R
U I U N Y T O I O K L I M D N A Y E N O H S O O G I U O Q P
Y V O A E V R O V A F D N U O F L E L C Y I D S E S R A L O
G I M S L E E H T N I T O P S O N D O G N O M A D E E F Y F
```

I AM MY BELOVED'S, AND MY BELOVED IS MINE: HE FEEDETH
AMONG THE LILIES. (SONG 6:3)

PUZZLE #52 PSALMS

FIND THE WORDS ABOOUT THE BOOK OF PSALMS IN THE PUZZLE.

AGAINST THE LORD
BENT HIS BOW
BOASTETH
CAST AWAY
CHASTEN
CONGREGATION
CRIED UNTO THE LORD
CURSING
DECEIT
DELIVER MY SOUL
DESTROY THEM
DISPLEASURE
ESTABLISH
FRAUD
GROANING
HAVE MERCY
HE SHALL LAUGH
HEART
HEATHEN
HIS WRATH
HUMBLETH
INHERITANCE
INIQUITY
INNOCENT
JUDGE
MINDFUL
MISCHIEF
MURDER
MY SHEPHERD
MY SON
MY SOUL
NOT AFRAID
PEACE
PERISH
PLEAD MY CAUSE
POSESSION
PRAISE
PSALM
REWARDED
RIGHTEOUS
ROD OF IRON
SACRIFICES
SALVATION

```
R C I G H T E O S A C R I F I C E S H
I O L I T E R N V E A O N E N O V E O
A N D T N R S E Q V L Y I A O R A R V
N G R O A N I N G B O A S T E T H C E
C R A L F F O T I N O W H U H R O I N
R E V I O I E C O G S A T E D I U T I
I G O E N O R I E R L T N C R N N O S
E A U V E S T O H N Y S O I O A C T H
D T N M C A T S N C T A E D W V E E N
U I T O V R I T R O S C R T S O T R A
N O R L O L K E H U A I O E T I R C R
T N A E B C M I L E D N M N E N O E O
O S H A E E S Y P I L E I C H E W S U
T A T S V W T O S L I O E R W A H A H
H S I A R F S P A O T D R E R I A G A
E I H A I E L H L R N I C D E N U O I
L T T R S E S A M B E N E L V A T V D
O H O S A V L I E Y A D D A L L H R E
R E I S A U H N A N S G R L E S I E L
D O U N F O T U E R L H L U U I K N I
N R I D H H O T M O P A E E M O C I V
E T N O I E N E R B H T K P E N S L E
Y I A S N U R Y E S L A O O H T T Y R
M N B I O N F I E H S E T R T E A A M
E O E C R I E H T S T U T R Y V R C Y
W H Y K L C D G E A S N O H O R I D S
A H A T O N N I S L N E I E R U N A O
T A E E F I C N A I I C N T T A B I U
H R V N S R H I L R R R E D S H O L L
I I O R E S A Q I O F E T I E U G T E
N K U M I T J U D G E A H R D K R I A
K C Y R A E W I D I N E T S A H C T R
O H E O N N O T O V O N R O C E T I E
T P L E A D M Y C A U S E U N T H O W
```

Teach me, O Lord, the way of thy statutes; and I shall keep it unto the end. (Psalm 119:33-HE)

CROSSWORD ANSWERS

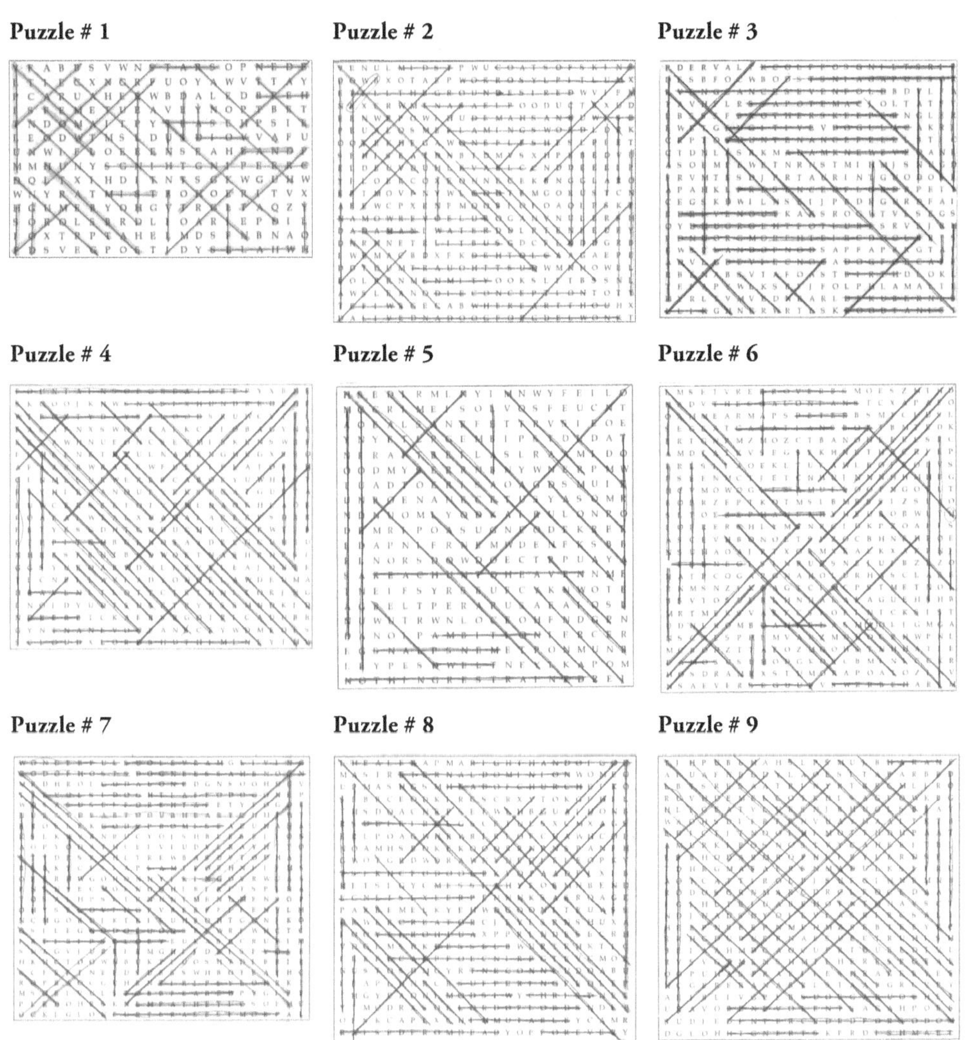

Puzzle # 10   ## Puzzle # 11   ## Puzzle # 12

Puzzle # 13   ## Puzzle # 14   ## Puzzle # 15

Puzzle # 16   ## Puzzle # 17   ## Puzzle # 18

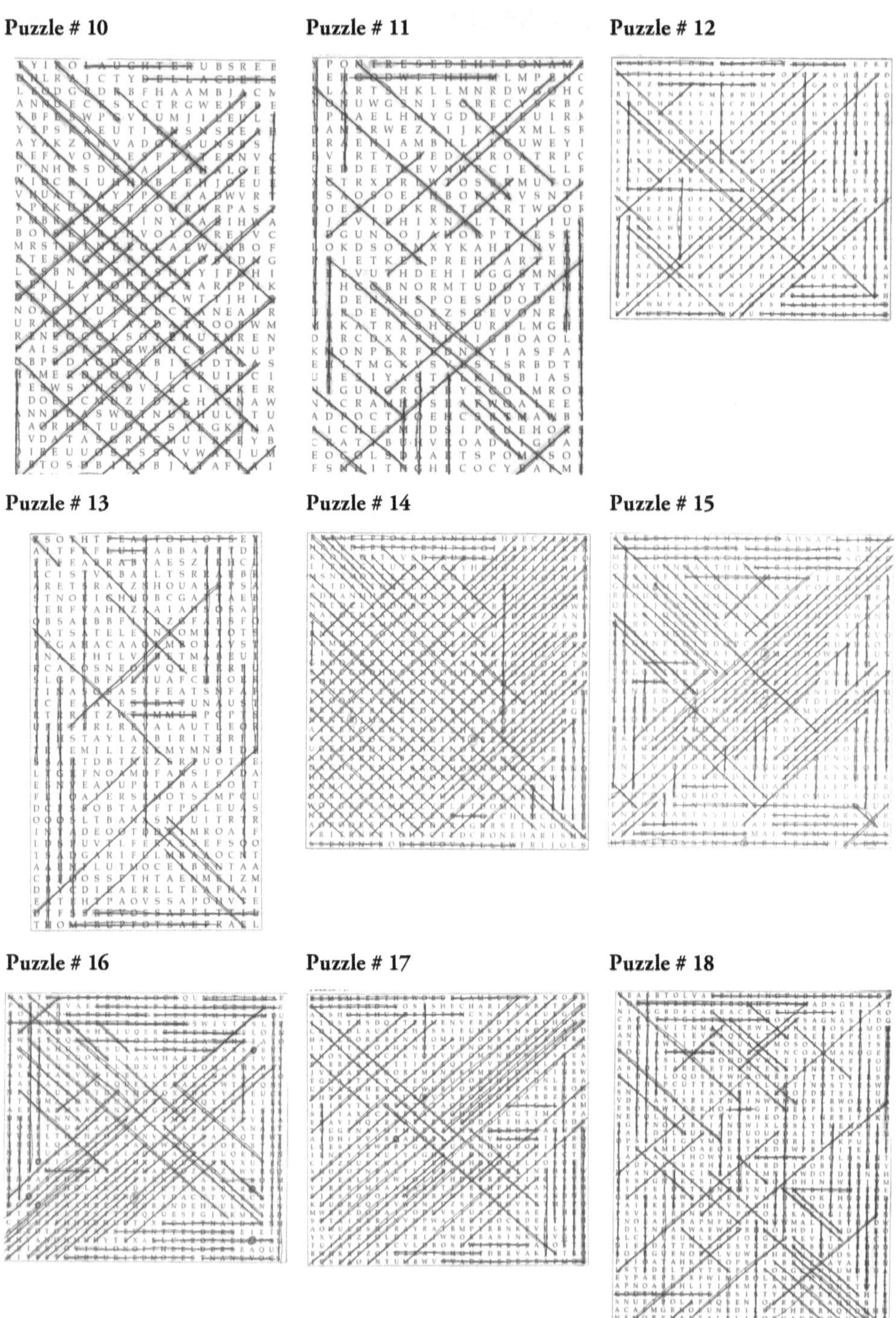

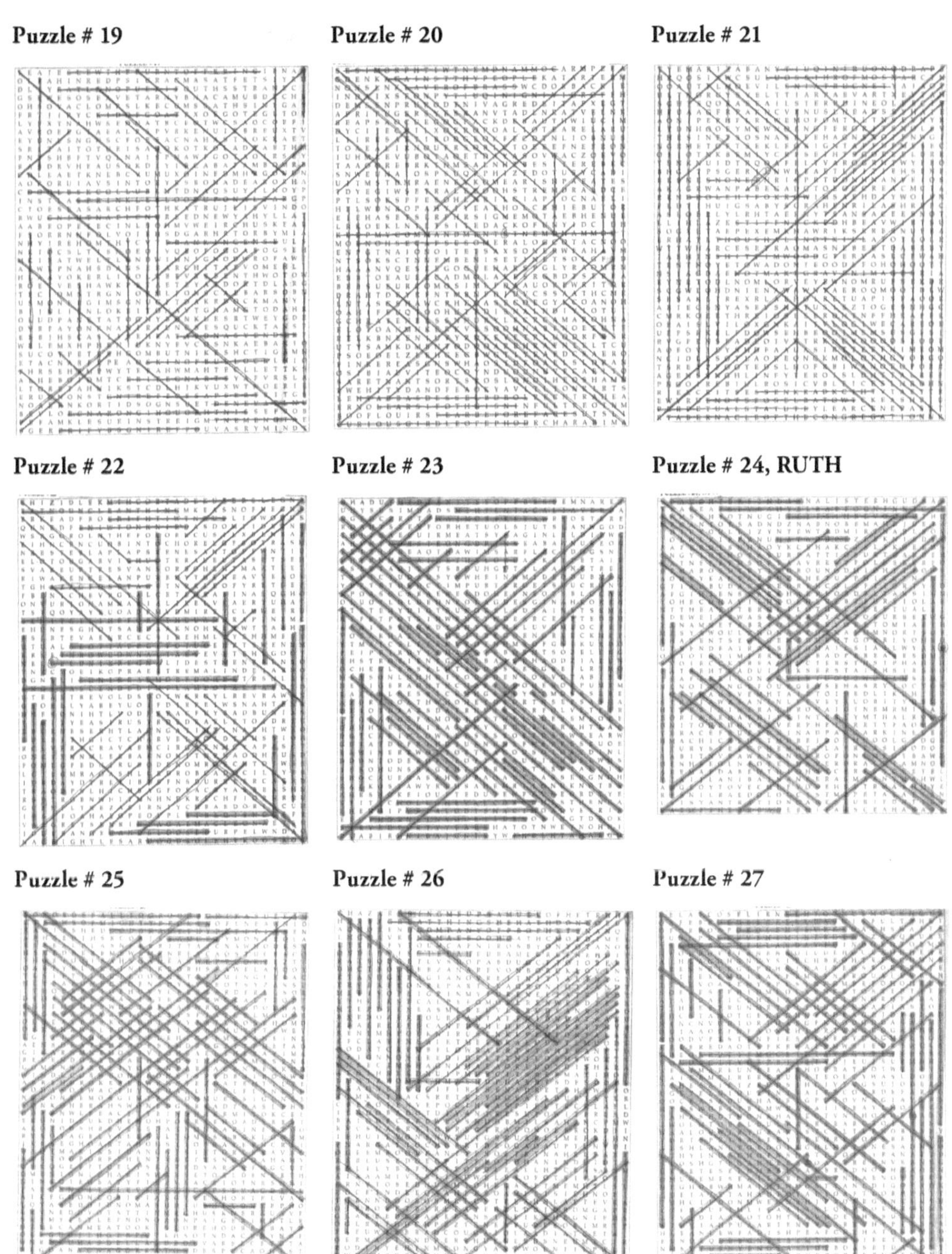

Puzzle # 19

Puzzle # 20

Puzzle # 21

Puzzle # 22

Puzzle # 23

Puzzle # 24, RUTH

Puzzle # 25

Puzzle # 26

Puzzle # 27

Puzzle # 28

Puzzle # 29

Puzzle # 30

Puzzle # 31

Puzzle # 32

Puzzle # 33

Puzzle # 34

Puzzle # 35

Puzzle # 36

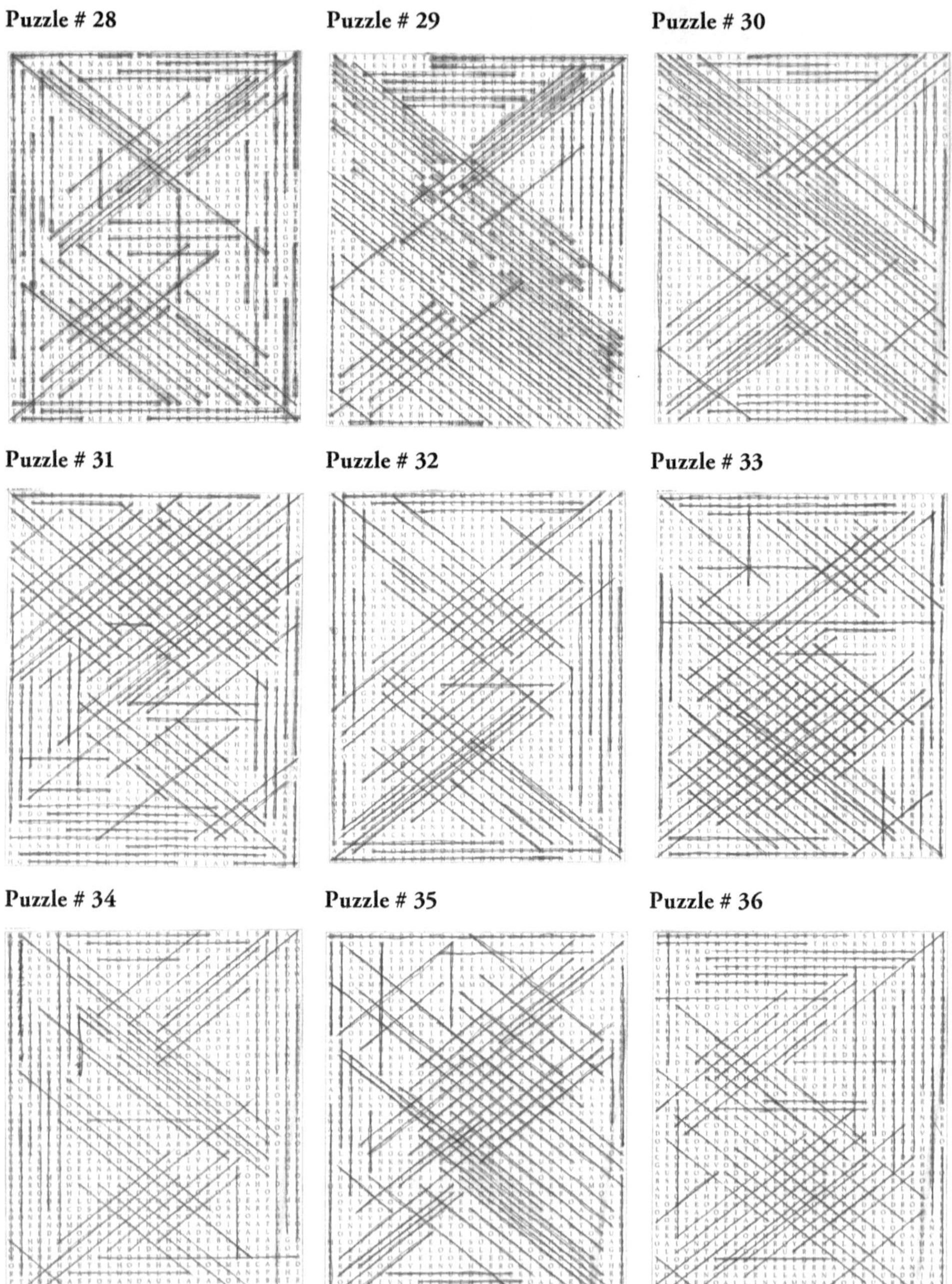

Puzzle # 37

Puzzle # 38

Puzzle # 39

Puzzle # 40

Puzzle # 41

Puzzle # 42

Puzzle # 43

Puzzle # 44

Puzzle # 45

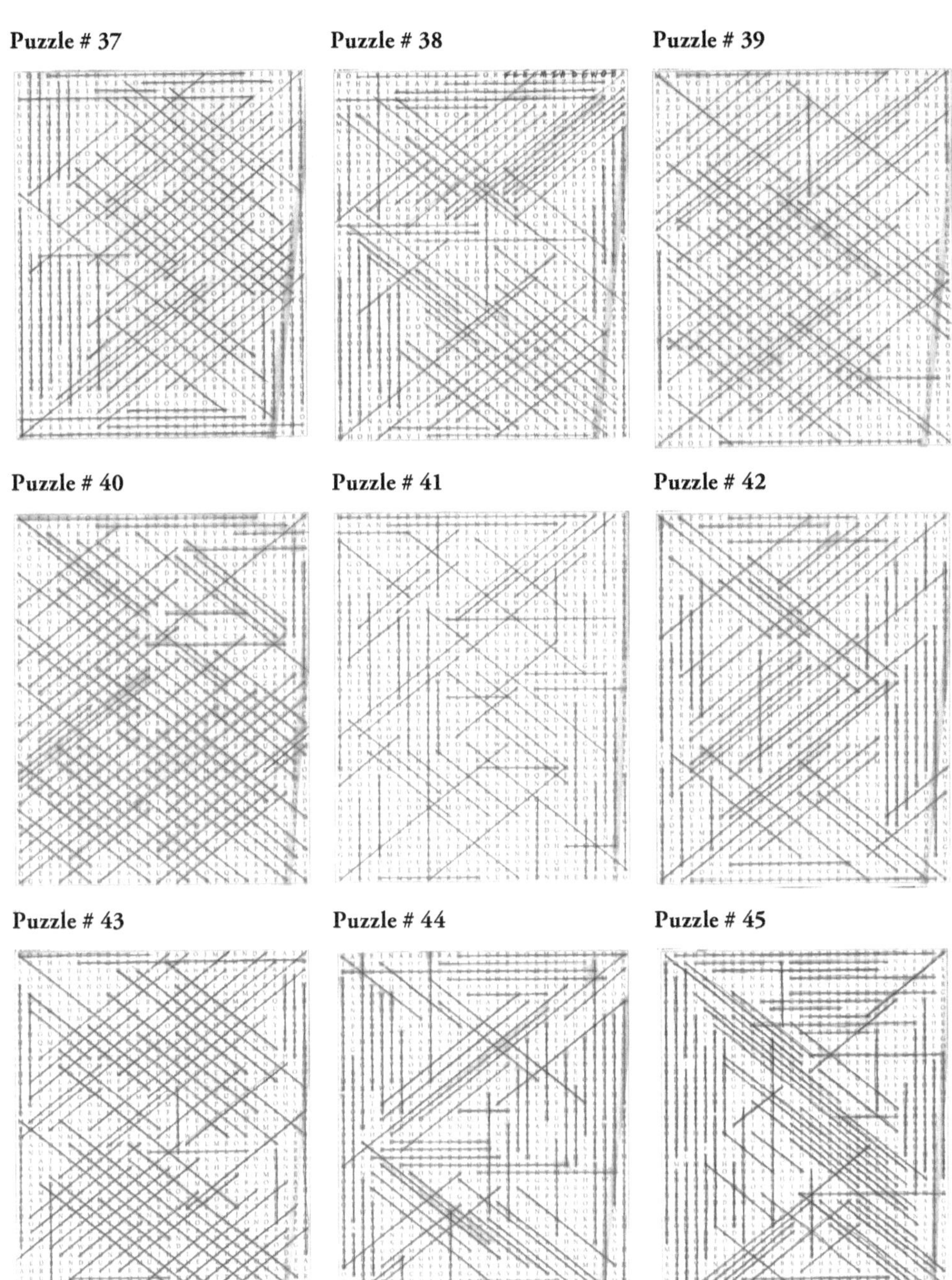

Puzzle # 46

Puzzle # 47

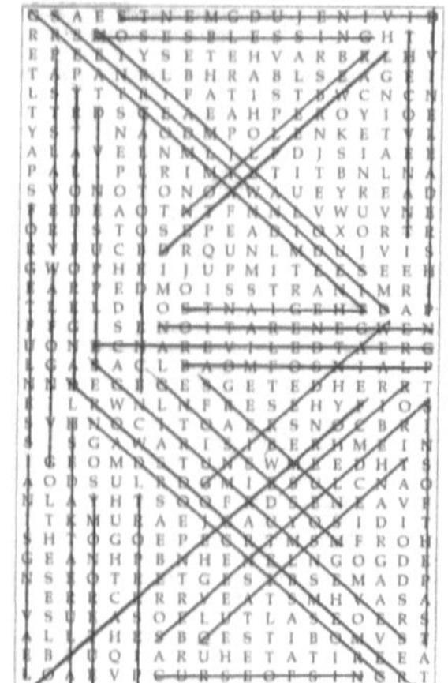

Puzzle # 48

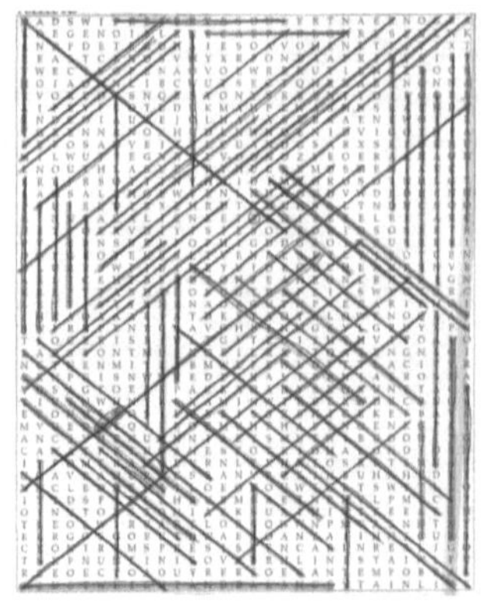

Puzzle # 49

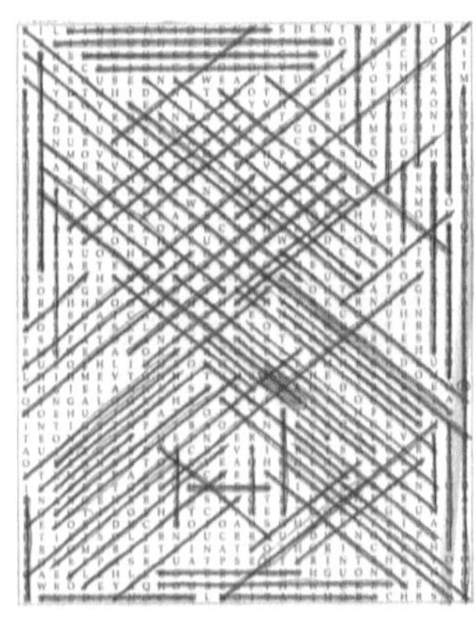

Puzzle # 50

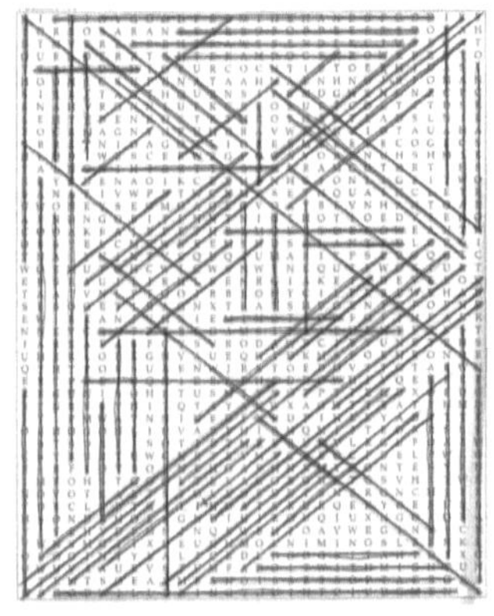

Puzzle # 51

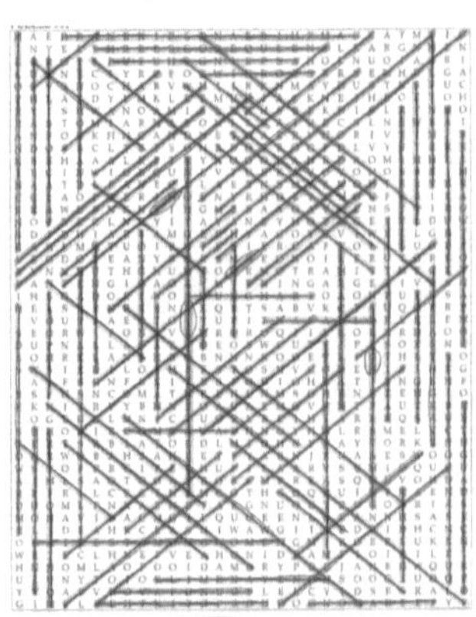

Puzzle # 52 PSALMS

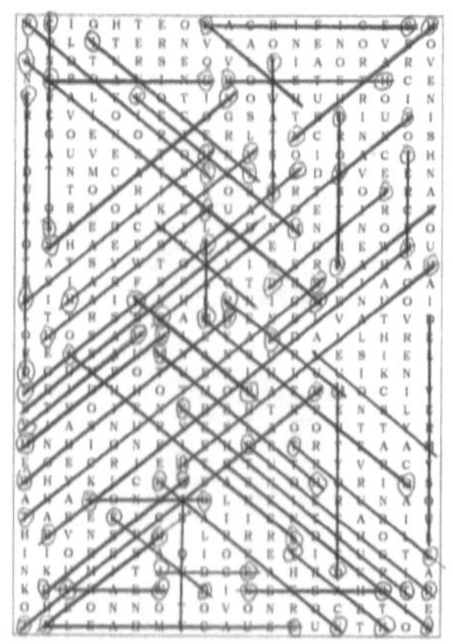